王卫的谜 顺丰的那套办法

郭昭晖 ◎ 著

中国财富出版社

图书在版编目(CIP)数据

王卫的谜:顺丰的那套办法 / 郭昭晖著.—北京:中国财富出版社,2016.1
ISBN 978-7-5047-5911-5

Ⅰ.①王… Ⅱ.①郭… Ⅲ.①邮件投递—企业管理—经验—中国 Ⅳ.①F632

中国版本图书馆CIP数据核字(2015)第241204号

策划编辑	刘 晗	责任编辑	尚林达 于晨苗		
责任印制	方朋远	责任校对	杨小静	责任发行	邢小波

出版发行	中国财富出版社
社　　址	北京市丰台区南四环西路188号5区20楼　邮政编码　100070
电　　话	010-52227568(发行部)　　010-52227588转307(总编室) 010-68589540(读者服务部)　010-52227588转305(质检部)
网　　址	http://www.cfpress.com.cn
经　　销	新华书店
印　　刷	北京高岭印刷有限公司
书　　号	ISBN 978-7-5047-5911-5/F·2489
开　　本	640mm×960mm　1/16	版　次	2016年1月第1版
印　　张	17	印　次	2016年1月第1次印刷
字　　数	213千字	定　价	39.80元

版权所有·侵权必究·印装差错·负责调换

PREFACE 前 言

王卫，一个谜一样的创业家，一个让马云最佩服的人。

每当提起邮政速递，我们会不由自主地想起刘翔迈开双腿奋力奔跑的场景；提起联邦快递，中国羽毛球队的集体出境会立刻浮现在我们的脑海中。但是，提起顺丰，大家的反应却是脑海一片空白。

王卫行事低调的性格，同时也是整个顺丰的企业性格。二十余年来王卫没有做过一则广告，几乎没有为了提高曝光度而接受过媒体采访，就连入选"2012年中国经济年度人物"也保持一贯的低调。

在王卫的人物介绍里，除了顺丰速运集团总裁，绝对少不了"神秘"二字。这个数十万"工蚁"兵团的领军人物，这个高中学历的物流大佬，这个沉默寡言而为公益骑行天下的商界富豪，留给大众的除了为数不多的几次采访以及顺丰内刊《沟通》上的模糊侧脸，剩下的只有空白。

所以，几乎每个人都在寻找他。香港小报记者蹲点守候只为一睹真容，投资人开价50万元只为共进晚餐，花旗银行豪掷1000万元只求一个机会，甚至连马云也多次约见……

他是一个让媒体趋之若鹜却始终沉稳从容的企业舵手；

他是一个一举一动都会引发同行关注，同时又让人心存敬意的强大对手；

他是一个在同事眼里始终如一地坚持和专注的领导者；

他是一个离我们很近又很远的物流掌门；

他是一个能让奋斗中的年轻人汲取正能量的创业榜样人物。

作为一个传奇的神秘人物,他的过去、当下和未来都和外界隔着一层纸。江湖上只能见闻高手出招的劲雄力道,却不见高手匆匆来去的背影。

纵然如此,却依然掩盖不了顺丰在物流界的强大气场：

1993年,王卫创立顺丰速运,只用三年的时间就基本垄断了华南市场,之后进军华东华北市场；

2002年王卫全面收权,采用直营模式；

2003年,顺丰速运成为国内首家用飞机运送快递的公司；

2007年,王卫进军中国台湾、澳门市场；

2010年,顺丰开通了新加坡、韩国的国际物流业务；

2011年,顺丰在马来西亚、日本两国同时设立营业网点；

2012年,王卫将营业网点开到了美国,正式涉足电商；

2013年,顺丰速运首度融资……

顺丰在王卫的带领下可谓动作连连,每一步都敏捷迅速,别出心裁。

王卫的身上似乎充满了矛盾点：一个性格内敛的人却疯狂地爱好越野和极限运动；一个沉默寡言的人却创办出绘声绘色的企业内刊,甚至仅仅用一篇言辞朴素的文章便打动了第一个加入顺丰的大学生；一个亿万富翁却将顺丰千千万万的机械战警视为"最可爱的人"。

也许正是这些"难以置信"成就了当年那个骑着摩托车穿梭于大街小巷的一线快递员,也许正是这些"自相矛盾"打造出一个迅雷不及掩耳的顺丰时速,也许正是这些"神秘面纱"凸显出一个庞大物流军团掌控者的专注。

王卫的"谦逊",相关主管部门的官员深有体会。行业主管部门通知开会探讨行业问题,没有谁比他更有资格充当"布道者",但王卫常常以自己不善言辞为由派副手出席。2011年王卫破天荒接受了《人民日报》专访,但谈及最多的仍旧是中国民营快递企业与国际巨头的差距,没有丝毫的沾沾自喜。

王卫的"谨慎",在2008年金融危机中表现最为明显。物流业作为经济的晴雨表,在2009年遭遇历史性低谷,加之在华跨国公司的价格战打压,很多物流公司亏损、倒闭,"最后只有顺丰等少数几家公司可以活下来。"几乎所有人都认为,只要中国快递业还有幸存者,顺丰一定身在其中,只要顺丰还活着,中国民营快递业就不会全军覆没。但是,王卫却不这样认为。在2008年年底的一次内部名为《用生命捍卫价值观》的讲话中,王卫显得颇为悲壮。他说:"3年后,顺丰是不是能成为中国民族快递业的骄傲,我们能不能打赢这场与国外对手的保卫战,也许都不重要了。因为我们要让大家看到的是,在中国的速递行业中,曾经有这样一批人,曾经有一家叫顺丰的民营企业,能从心底让对手感到可怕更可敬!人可以输,但不能输掉尊严!死随时都可以,但要死得有价值!——战死,好过做俘虏。"

一位业内人士听到这段话表示,中国民营快递企业里,不乏嘴上喊坚持民族品牌,一看到国外巨头的收购支票就心软的主儿,唯一一个坚持从来不卖身,对任何收购企图一向严词拒绝的,只有顺丰。他指出,如果顺丰肯卖,过去行业内所有的并购案,甚至都不会发生,因为无论联合包裹(UPS)还是联邦快递(FedEx),抑或海航都明白,没有哪个企业比顺丰更有收购价值。也正因此,王卫的悲壮有其道理,别人做不下去尚可被收购,但顺丰不行,要么生,要么死。

申通的老板陈德军曾直言,"不懂得王卫为什么要这么累,财富对于王卫早已不是问题。"对于有媒体称顺丰2010年营收为120亿元,有位知情人士一笑:"太小瞧顺丰了,只多不少!"

而王卫自己也曾说过,"同样画画,有人一辈子为画匠,有人却是画家。"显然,他希望自己是后者。在谈及中国民营快递企业与国际巨头的差距时,王卫直言缺乏战略眼光是中国民营企业的短板。这个只关心物流,物流以外的事情都不关心的人,对物流有着宗教徒般的忠诚和信仰,这正是即使强大如马云,也钦佩他的地方。

如果你想要了解王卫生命中的重要时刻,本书会为你还原王卫带领顺丰从起家到扩张壮大的全过程,你会发现他看似简单的创业历程中每一步都走得别样辛苦却踏实。你会看到他是如何在诱惑和危机中保持清醒和专注。还能看到他如何把21万人的物流大军管理得井井有条,并能做到让客户真正满意。你也能看到他是怎样把创业当成魔术一般玩得得心应手,胜券在握……

在顺丰的种种成就和动作背后,一个踏实低调、沉稳专注的创业家王卫会随着本书的描写逐渐浮出水面。

目 录

第一章 "看不见"的王卫,凭什么让马云佩服 ················ 1
1. 低调一点,别让员工认出你来 ·················· 1
2. 比其他人更懂得如何寻找出路 ·················· 4
3. 忍耐是创业者必备的品格 ······················ 7
4. 力量蕴藏于安静,沉默是金 ···················· 10
5. 低调和雄心并不矛盾 ························ 13
6. 那些年与马云的"恩怨情仇" ···················· 17
7. 令马云佩服的"快递之王" ······················ 22
8. "物流+电商"的无限前景 ······················ 24

第二章 王卫成功之谜:苦干还要巧干 ················ 31
1. 把创业当作一种"奔头" ························ 31
2. 高质量的服务就是最好的宣传 ·················· 33
3. 贡献汗水,更要贡献智慧 ······················ 38
4. 抓住机遇,制定合适的战略 ···················· 42
5. 追求热爱的事业,而非挣钱的工作 ················ 47
6. 目光放远,适当牺牲眼前利益 ·················· 50
7. 用责任心保证顺丰的"龙头"地位 ················ 54
8. 为何顺丰涨价没事 ·························· 57

第三章 顺丰崛起之谜：差异化战略"跑得快" ……… 61
　　1.细分市场和客户需求 ……………………………… 61
　　2."限时"战略是快递市场细分的关键 …………… 65
　　3.差异化营销，获得持久竞争优势 ………………… 68
　　4.藏在失败背后的成功 ……………………………… 71
　　5.专注比什么都重要 ………………………………… 74
　　6.一定要比别人"跑得快" …………………………… 77
　　7.坚持只做小型快递 ………………………………… 82
　　8.学会对诱惑说"不" ………………………………… 84

第四章 求新求变，不断完善的顺丰经营体系 ……… 88
　　1.不放弃任何发展契机 ……………………………… 88
　　2."收一派二"，既快又好 …………………………… 91
　　3.工资计件，员工就是老板 ………………………… 94
　　4.技术革新，提升顺丰的科技化程度 ……………… 97
　　5.为什么要有自己的飞机 ………………………… 101
　　6.特殊的成本战略 ………………………………… 104
　　7.量身定做，为客户提供个性化服务 …………… 106
　　8.顺丰应用程序(APP)，创新赢得市场 ………… 110

第五章 顺丰的商业模式：唯一一家完全直营化的快递企业
　　　　　　……………………………………………… 113
　　1.直营与加盟模式的"优劣" ……………………… 113
　　2.全面直营化，颠覆性创新 ……………………… 119
　　3.顺丰"与众不同"之谜 …………………………… 123
　　4.快递界的"麦当劳" ……………………………… 127

5.物流信息化管理,打造美味"鱼汤" …………… 130
6.一件顺丰快递的追踪过程 …………………… 134
7.拒绝并购,做生意不纯是为了钱 ……………… 137
8.让资金流、信息流和物流三流合一 …………… 140

第六章 扩张战略,顺丰接下来还有什么动作 …… 143
1.从"小步慢跑"到"野蛮生长" ………………… 143
2.顺丰优选,抢占生鲜市场 ……………………… 145
3."嘿客"体验,快递+便利店模式 ……………… 151
4.在金融领域加速开疆辟土 ……………………… 153
5.国内航空货运领先者 …………………………… 159
6.知己知彼,做中国最好的速运网络公司 ……… 160
7.快递"下乡",大势所趋 ………………………… 164
8.国际化战略,快递"递"向全世界 ……………… 167

第七章 王卫如何管理顺丰21万员工 …………… 171
1.去基层体验,到一线做快递员 ………………… 171
2.追踪考核,确保目标 …………………………… 174
3.设立企业愿景,让员工自发地把工作做好 …… 179
4.树立危机意识,点燃员工的工作激情 ………… 183
5.拉近员工与自己的距离 ………………………… 189
6.打造"不离不弃"的团队 ……………………… 193
7.必胜的信心和豪情 ……………………………… 197
8.王卫的"心法四诀" …………………………… 201

第八章 员工是因企业是果,以人为本的顺丰文化 ………… 208
1. 在出产品之前出人才 ………… 208
2. 引进更多的高学历人才 ………… 211
3. 如何吸引"90后" ………… 213
4. 薪酬和精神福利,一个都不能少 ………… 219
5. 医食住教,帮员工解决后顾之忧 ………… 222
6. 用绩效考核来让员工进行自我管理 ………… 224
7. 领导者的器量决定成就 ………… 227
8. 顺丰快递和联邦快递企业文化比较 ………… 230

第九章 王卫谈信仰、文化和道德 ………… 236
1. 根植于内心的道德修养 ………… 236
2. 拥有一颗平常心 ………… 238
3. 把社会责任看成是必须承担的义务 ………… 242
4. 公益慈善,用爱托起企业未来 ………… 244
5. 环保公益,保护地球就是保护我们自己 ………… 249
6. 学会自律和感恩 ………… 251
7. 让顺丰人"正知、正见、正行" ………… 253
8. 用文化来吸引人、塑造人 ………… 258

第一章

"看不见"的王卫,凭什么让马云佩服

1.低调一点,别让员工认出你来

你可能对印有"SF"标志的快递车印象深刻,但却对王卫这个名字备感陌生。

20年前10万元起家,今天年营业额几百亿元,自有货运飞机11架;与员工分享利润,一线员工月薪上万元;三月没创新会觉得危机四伏;工作狂,每天工作14小时;实干,定期下基层;低调,员工都不认识他;胆大,先后9次抵押家产——这就是顺丰员工对公司以及自己老板的描述。

而作为内地第一家使用全货运专机的民营速递企业,顺丰快递凭借互联网购物的快速发展以及长期积累的行业口碑,迅速占领快递业市场。2013年8月,招商局集团等四大资本联合入股顺丰。业内分析,早几年就低调注册了"顺丰银行""顺丰支付"等金融类域名的顺丰速运,未来必将涉足金融业。

王卫的谜

顺丰的那套办法

王卫谦和低调,公司成立20年,公开露面次数屈指可数。王卫很少接受媒体专访,网上也极难找其照片。在少有的几次采访中,当被问到为何保持低调作风时,王卫称:"低调一点对于管理企业也有好处,没有员工认得出你来,你才可以深入到基层去了解最真实的情况。"

"顺丰绝不是故意地保持低调,它就是这样内敛,只能慢慢改变。"李雅(化名)是顺丰总部公共事务部经理,曾在刚进入公司的前两年试图改变顺丰对于外界的神秘形象,但她多次尝试之后觉得太难,最简单的例子是,倘若随便叫一位顺丰的副总或高管出现在公开的场合,都会让他们尤其紧张。基于王卫的低调,和顺丰的多位高层接触时,他们大多都在采访结束时,为难地表示要隐去职务和姓名,理由是:"王卫都如此低调,我们最好不要出来抛头露面。"另一位副总更是直言:"出来说多了,不管是经验还是困难,最终的压力会施加到公司内部,与其这样,不如脚踏实地地干,这样心里踏实。"

在顺丰优选的总裁刘淼看来,王卫是他见过的最有钱的工作狂,这多半源于王卫创业初期保留下来的职业习惯。19年来,他每天工作14个小时再正常不过。有高管说王卫是那种很有危机感的人,三个月没有创新和变革,就会让他有危机四伏的感觉。

刘淼如今回忆起10年前和王卫相识的情景,依然觉得好笑。当时,刘淼带着王卫去见单位的部门领导,却被领导误认为是刘淼的司机。在刘淼看来,十年前的王卫和现在区别不大,他穿着简单但干净利落,白衬衫、牛仔裤、双肩包、运动鞋是他经常的装束。正是这样一个朴素至极的人,仅用近20年的时间就打造了中国快递行业的开创性奇迹。

有这样一副对联,写得十分有趣,可以说是道出了低调做人的真谛。上联是:做杂事兼杂学当杂家杂七杂八尤有趣,下联是:先爬行后爬坡再爬山爬来爬去终登顶,横批是:低调做人。低调做人就意味着"高",同时也是深"藏"不露,"高"是"藏"的前提,只有这样,才称为"低调"做人,正是这深"藏"不露,才使"低调"拥有了特殊的魅力。

正如顺丰给人们带来的直观感受一样,在王卫的关键词里,除了顺丰速运集团总裁,绝对少不了"神秘"二字。这个数十万"工蚁"兵团的领军人物,这个高中学历的物流大佬,这个沉默寡言而为公益骑行天下的商界富豪,留给大众的除了为数不多的几次采访以及顺丰内刊《沟通》上的模糊侧脸,剩下的只有空白。所以,几乎每个人都在寻找他。香港狗仔蹲点守候只为一睹真容,投资人开价50万元只为与其共进晚餐,花旗银行豪掷1000万元只求一个机会,甚至连"创业教父"马云也多次约见。

然而,王卫和他的顺丰大军一如既往地低调。王卫从来不做广告,顺丰从来不请代言人,以至于其在武汉布局陆运中心之时,没有任何相关报道。最尴尬的是,当顺丰已在深圳福田风生水起的时候,深圳市领导竟然还不知道当地存在这样的行业龙头,直到在国家邮政部会议上才偶然获悉。

一直到现在,王卫仍然把自己当成一个普通的快递员。有一次,他甚至早上八点抵达顺丰在北京三元桥的中转点。没人过来和他打招呼,或许根本没人认识他。他一个人沉默而迅速地整理好快件,然后用黑色PDA——顺丰巴枪,扫描快件上的条码。

王卫是典型的"粤商",曾有人说,在广东街头,也许一个身着背心短裤,脚踩人字拖鞋,提着简易塑料袋的普通百姓就是胡润榜上的超级富豪。"高调做事、低调做人"的粤商们似乎习惯隐身于世,这与"财不外露、树大招风"的粤派文化不无相关。

美的集团掌门人何享健奉行的是"只做不说、埋头苦干"。他为人也是极其低调,行踪神秘,远离公众。立白集团董事长陈凯旋,永远衣着简单朴素、生活节俭清淡。聚龙集团董事长梁伯强更是名不见经传,但是他的"指甲钳"却是当之无愧的行业霸主,拥有全球第三的市场份额,年销售额突破2亿元……

可见,低调如王卫,并不是与世隔绝,而是在社会交往中保持一个真正的自我。不管名有多显、位有多高、钱有多丰,面对纷繁复杂的社会,依然保持低调做人。山不解释自己的高度,并不影响它耸立云端;海不解释自己的深度,并不影响它容纳百川;地不解释自己的厚度,但没有谁能取代它作为万物之源的地位。低调做人,是一种境界,一种风范,更是一种哲学。

2.比其他人更懂得如何寻找出路

王卫也曾经是"工蚁"的一员。他是一线收派员出身,做过"背包客"。不论在公司内部讲话里,还是在公开的会议场合,一旦谈到顺丰,王卫总是试图把人们的注意力从他自己身上转移。他曾经不止一次地在公司年会上说,顺丰的一线收派员"才是最可爱的人"。

1971年，王卫出生在上海。他的父亲是一名空军俄语翻译，他的母亲是江西一所大学的老师。7岁的时候，王卫随家人搬到香港居住。高中毕业之后，王卫没有继续升学，十几岁就在叔叔的手下做小工。

20世纪90年代初期，受邓小平南巡的影响，香港8万多家制造工厂北移到了大陆，其中53000多家左右设厂在广东珠三角地区。当年顺德县委书记欧广源有一句话："几乎每天都有企业开张，天天都是鞭炮不断。"大量工厂北移催生了"前店后厂"模式，香港与珠三角信件往来频繁。因为分属不同的关税区，往往邮寄要花上两三天。"比如工厂里缺一个什么急件，今天说，明天要，要去报关，得一个星期，谁能等得起？"一位与王卫同期创业，但后来专攻保税物流业务的深圳公司老板说。

王卫比其他人更懂得如何寻找出路。

一开始，王卫受人之托，在广东和香港之间帮人带货。慢慢地，东西越来越多，当用拉杆箱子也装不下的时候，王卫开始意识到这是一个商机。

他跟父亲借了10万元人民币，于1993年3月26日在顺德注册了顺丰速运，他是公司6名创始人兼快递员之一。同时，他在香港太子的砵兰街租了间几十平方米的店面，用来接货和派货。顺丰的业务以一种不规范的形态起步。除了顺德到香港的陆路口岸，番禺到香港和澳门的水路也是王卫当时倚重的业务路线。

一位顺丰早期员工说："那时候顺丰只有十几个人，大家围在王卫身边，同吃同住，每天唯一的任务就是跑市场。我们这些业务员都像疯了一样，每天早出晚归，骑着摩托车在大街小巷穿梭。"早年间，在砵兰街的邻居也对他印象深刻，说他每天凌晨就开始工作，晚上才离开。"那时候这条街没什么人,他来了之后,一直有货车上上下下拉货。慢慢这里开始有别的物流公司,还有足浴店。他带旺了整条街。"

"当时王卫抢了EMS不少生意。送一个文件就几十元,很好赚。"一个顺丰前高管总结说。当时王卫的策略是割价抢滩,别人70元一件货,顺丰只收40元。王卫用低于市场均价30%的价格揽货,吸引了大批中小商家。虽然一票货只收几十元钱,但生意红火得出人意料,年收入达百万元以上。

作为起家业务的香港件,不但成就了王卫的第一桶金,目前仍是顺丰业务的主力军,占到公司业务总比重的40%。到1997年时,顺丰已经在局部垄断了深港货运,在顺德到香港的陆路通道上,70%的货由顺丰一家承运。

放眼古今中外,许多成功人士都与王卫一样,把握住了时机。

世界酒店大王希尔顿,早年追随掘金热潮到丹麦掘金,他没有别人幸运,没有掘出一块金子,可他却得到了上天的另一种眷顾。当他失望地准备回家时,他发现了一个比黄金还要珍贵的商机,也迅速地把握住了它。当别人都忙于掘金之时他却忙于建旅店,这使他顿时成了有钱人,也为他日后在酒店业的成功奠定了基础。

中国首富李嘉诚想必人人都知道。他的成功也在于对时机的把握。改革开放初期,社会还相对落后,土地也没有现在这样的"寸土必争"。但就是在这样的环境下,李嘉诚把握住了商机,在自己并不富裕的情况下,借巨款购买了大量的地皮。这样的举动需要多大的勇气和智慧啊!也正是这次常人想都不敢想的投资使他发家起业,成为亚洲地产大亨。

作家梁晓声曾经道出了一些幸运儿成功的绝密,他说,"有的人搭上机遇的快车,顺风而行;有的人错过了它,终身遗憾;有的人一生都未能抓住它,默默地埋藏自己的才华。"

王卫的第一桶金告诉我们,天赐良机不可失,坐失良机更可悲。一个人要学会创造机遇,用自己的聪明才智勤奋努力,不断进取,踏踏实实地耕耘,才能获得成功。

3.忍耐是创业者必备的品格

进入2000年之后,顺丰由于在快递行业内的成功,无法再继续低调下去。不过人们对于王卫和他的顺丰依然只有一些星星点点的了解。而一些同行对于顺丰的快速发展则感到威胁和嫉妒,送给了顺丰一个贬义的称号——"老鼠会"。

"老鼠会"其实有两层意思,字面意思就是形容顺丰像一窝灰溜溜的老鼠聚在一起,深层意思就是指顺丰的运营模式是"金字塔销售计划",即传销。

早在创办顺丰之前,王卫就曾经靠往来于深圳和香港的口岸,夹带私货发财。所以,早期的王卫,的确只是一个躲躲藏藏的海关水客。缩手缩尾不正是老鼠吗?"鼠头鼠尾"的王卫创办了顺丰,自然会被看不惯的人损为老鼠会了。后来随着深港两地之间的快递增加,仅仅依靠白天通关夹带的那点私货是远远不够的,偷运私货也是意料之中的事情了。偷运私货其实在当时的珠三角一带非常普遍，受政策限制，人们为了赚钱开始选择偷运私货。广东人又相当有宗族感，干这种活多半是乡党们组织一起行动。当年，王卫拉上几个宗族里一般大的兄弟开始夜间活动，深夜时分乘着小快艇消失在水面，穿梭于香港和内地之间的码头，一晚运气不错可以来回几趟。见不得光，像极了夜里的老鼠，在黑暗中摸索食物。

顺丰被叫作"老鼠会"还有个原因就是同行都觉得他们太过杂乱无章，没有秩序。早期的顺丰，不仅没有统一的快递标志，连基本的快递员服装都没有统一样式和色彩，完全就是随快递员自己定，什么样的都有；至于交通工具更是乱如麻，有开着货车的，也有骑着摩托车的，有的甚至是开船的。正是因为这些外形上的不整齐，同行们由嫉妒生出鄙夷，觉得顺丰完全就不像个有严格规章制度的企业，就是一窝无组织无纪律的老鼠。

对于外界的纷纷扰扰，王卫依然保持一贯的缄默，即使是顺丰被人称作略带歧视的"老鼠会"，他也没有跳出来反驳，始终只是埋头做好自己的事情。

1993年，22岁的王卫意识到，这种不合法的方式，终归不是正途，于是他在顺德建立了顺丰快递。由于公司成立初期业务繁忙，人手不够，王卫不仅要白天自己亲自出去送快递，晚上更是要忙到深夜，譬如分拣快递等，为第二天清早的工作做好准备。在当时顺德尚不是很发达的街道边，会有一间昏黄灯光闪烁的小屋子，王卫带着几个人默默地在整理快递包裹，窸窸窣窣折腾到很晚。

同样，顺丰即使在发展壮大以后，哪怕是已经成为快递业内巨头的时候，依然是从不显山露水，坚持不做广告，不接受采访。

对一般人来说,忍耐是一种美德,对创业者来说,忍耐却是必须具备的品格。

华旗资讯的老总冯军是清华大学的高材生,而他的事业却是在中关村从小生意做起的。

他有个"冯五块"的外号,因为他在推销东西的时候,老是对人说,"这个东西我只赚你5元钱。"冯军一次用三轮车载四箱键盘和机箱去电子市场,但他一次只能搬两箱,他先将两箱搬到他能看到的地方,折回头再搬另外两箱。就这样,他将四箱货从一楼搬到二楼,再从二楼搬到三楼,如此往复。这样的生活,有时会让冯军累得瘫在地上坐不起来。同时,更需要承受的是心理上的落差。冯军在中关村创业,一要丢掉清华大学高材生的面子。俗话说,"物以类聚,人以群分"。在中关村和冯军干一样活儿的人,大多数是来自安徽、河南的农民,如中关村的CPU批发生意,60%以上都由来自安徽霍邱县冯井镇的农民把持着。一个清华大学的高材生,要成天与这样一些人打交道,与这样一些人厮混在一起,让这样一些人认可自己,并不是一件容易的事,需要撕去"伪装",真正与他们打成一片。其次,为了让人家代理自己的产品,"村里"那些摊主儿不论大小都是自己的爷,见人就得点头哈腰,赔笑脸说好话。从"冯五块"这样一个绰号,可以看出冯军当时在中关村的"江湖"地位。

佛经说:"不能忍受毁谤、批评、恶骂如饮甘露者,不能名之为有力大人也!"俗话说"木不雕不成才,玉不凿不成器。"成功的大门向来是朝着每一个人敞开的,能否成功,在很大程度上并不取决于其智商的高低和客观环境的好坏,而取决于其是否具有坚强意志和承受挫折的能力。

一个人要想做点事,掌声和批评总是会同时出现。成功的创业者需要能够抗拒周围噪音的干扰,在乎该在乎的事情。创业者的效率直接决定了整个团队的效率。如果创业者时刻关注外界怎样评价自己,在决策时必然会束手束脚,什么事情都做不好。卓有成效的创业者是不会被外界的各种猜测或非议影响的,他们会把精力集中到重要的事情上来。

在王卫这样的人眼里,实力就是对非议最好的还击。

4.力量蕴藏于安静,沉默是金

很少有企业像顺丰这样,企业的前中期完全没人知道,低调到无声无息,简直就像穿着一身夜行衣,像只猫一样,走在自己的发展路上。等到后来顺丰成为快递行业的龙头老大之后,人们才慢慢知道它的曾经。

顺丰从1993年建立到1996年基本垄断整个华南地区的快递业务,仅仅用了三年时间,速度快得吓人。不过很多广东人,都不清楚顺丰到底是个什么样的企业,至于华南地区以外的快递同行们,直至顺丰进入华东之前,听都没听说过顺丰为何物。

这实际上是很不可思议的,当时顺丰已经垄断了广东、港澳之间的快递业务,成为一家具有足够规模的快递企业。但是,令人惊讶的是,华南地区以外的同行们竟然无人知晓,侦查工作足够失败,也说明王卫隐藏得够深。能验证这种说法最好的例子就是1997年香港回归的时候，中国铁路快递代表前往广东，与当地官员商讨，希望借铁路开通香港和广东地区快递业务。当被告知一家叫作顺丰的快递企业早已垄断了整个业务，才被搞得灰头土脸，无功而返。

顺丰为何如此低调？企业文化其实就是老板文化，顺丰的低调，其实就是掌门人王卫的低调。与内地传统商人不同，王卫身上拥有粤商的沉稳与低调。广州的一些老板们是实干家，信奉力不到不为财、落袋为安，看不上那些所谓虚名，企业做得越大，他们倒是越低调。

所以，王卫在工作之余，本能上讨厌镁光灯，不喜所谓的大场面、大时代、大手笔等高调做人方式。在他看来，力量蕴藏于安静，沉默是金。

王卫秉持做事低调的观念，不愿出来抛头露面，不仅对外曾经拒绝过CCTV的采访请求，在顺丰企业内部刊物上也从没有他的身影，不像有些企业家恨不能把自己头像印在企业LOGO上。

生活中的王卫也同样十分低调朴素，穿着尤其简单，衬衣、牛仔裤加个平板鞋就出门了。朋友在一起聚会，王卫永远都是坐在角落里，听别人高谈阔论，完全看不出是富豪。受王卫的影响，顺丰高层也都比较低调，毕竟老板做了表率。顺丰高层在接受媒体采访时，通常都会要求匿名处理，向王卫的行事风格看齐。

顺丰在王卫的领导下，无论是扩张广东时，还是在走向全国时，都是显得那么悄无声息，完美诠释了王卫的低调个性。像"四通一达"在抢占华东市场之时，可谓闹得轰轰烈烈，风生水起，哪怕是宅急送扩张华北地区时也是人所共知。但是顺丰在拿下整个华南之后,都没人注意到这个企业。1996年顺丰进军华东地区时,更是一贯的潜入风格,完全没有造势。以至于"四通一达"都不曾感到有威胁,等到最后慢慢地才发现之际,市场份额早被一家叫作顺丰的企业抢走了很多。这种温水煮青蛙的做法,让顺丰在不知不觉中就将"四通一达"给煮了,拿下了华东快递市场。

2002年,王卫做了快递业内史无前例的大举措,将加盟商式运营转变为全直营。如此惊心动魄的大动作,依然没有引起媒体的关注。此后的顺丰,完全就化身为一只猎豹,无声无息地游离在各个猎物周围,而待捕的羚羊依然闲庭信步在草原上,丝毫没有危机感。顺丰进军宅急送的华北地盘,就是完美的注脚。

此后的顺丰,依然是动作连连,不管是购买飞机,成立顺丰航空公司,抑或是跨界进入冷链物流、电商领域等,王卫都只是在顺丰的官网上默默地贴出通知。

其实顺丰的每一个大动作,换作别的企业来做,都是一次炒作的噱头,很少有企业会放弃提升知名度的机会,毕竟在商海,名声就意味着金钱。之前还有外界怀疑王卫是假装低调,以退为进,像古代的一些终南山隐士,到了如今,人们应该清楚王卫是的确生性低调。

华为老总任正非也是典型的案例。他以不接受媒体采访、不上电视而著称,在当今的企业家中可谓异类。有次某杂志曾经从华为内刊上转载过一篇任正非的文章,虽然读者反响很好,但任正非并不高兴,而是要求公司法律事务部跟此杂志交涉,并批示退回了杂志社寄去的稿费。

拿破仑曾经说:"有才能往往比没有才能更危险;人不可避免地

会遇到轻蔑,却更难不变成嫉妒的对象。"所以越是有才华的人就越要保有低调的智慧。弘一法师认为:"名利和欲望未必都会伤害自己的本性,而刚愎自用、自以为是的偏见才是残害心灵的毒虫;淫乐美色未必会妨碍人对真理的探求,自作聪明才是修悟道德的最大障碍。在现实中,许多人正是因为急于表现才智,才导致四处碰壁、举步维艰。"

我们常常看到,企业家高调了,各种论坛邀请、各种媒体的采访也上门了,但企业家的本质工作是经营企业,一旦高调,这些论坛和采访则会大量占用企业家们宝贵的时间。对企业和企业家来说,这也是一种成本。在支付这些成本的时候,或许并没有任何收益。

一般来说,在企业的经营管理中,高效做事、低调做人、实事求是、稳扎稳打,方为上策。"善守者,藏于九地之下。"这是《孙子兵法》中的一句话,意思是说,善于防守的人,像藏于深不可测的地下一样,使敌人无形可窥。商人做事,也要谨以安身,避免成为别人关注和攻击的目标。

5.低调和雄心并不矛盾

王卫给外界的感觉是一个极具传奇色彩的神秘人物,他的神秘源于他的低调。

王卫和顺丰太神秘了。创业20年来,王卫从未接受任何媒体的采访。就连顺丰的企业内刊《沟通》,出版10年来,也从未出现过这位掌门人的面孔。

迄今为止，王卫只在媒体上出现过一次。2010年春天，王卫花3亿5千万港币购买了香港九龙塘喇沙利道的一块地皮，自建两栋4层楼高的独立屋，附带独立泳池。这桩打破同区地产价格记录的买卖引起了《壹周刊》记者的注意。敬业的狗仔队不仅在顺丰深圳总部的写字楼前守候王卫数日，还混进顺丰香港的点部，做了一整天的快递员，收派了300多个包裹。最后，狗仔队终于拍到了王卫的照片，文章以《水货佬做到买屋仔，买757飞机》为题发表。据说这件事情让王卫很不爽。现在，互联网上还能够搜索到这篇文章，但是王卫的照片已经找不到了。

寻找王卫的可不只是媒体，投资银行的经理人们也在找他。他们可不只是出于八卦或者好奇心，而是明明白白地嗅到了金钱的味道。

据说，早在2004年，FedEx(联邦快递)策划进入中国市场的时候，就曾经接触过王卫。传闻中，FedEx(联邦快递)希望以40亿～50亿元人民币的价格收购顺丰，但是被王卫拒绝了。那一年，顺丰的销售额是13亿元人民币。

寻找王卫的私募股权投资和风险投资越来越多。一位咨询公司的董事长甚至透露说，包括花旗银行在内的很多美国投资商曾经找到他，希望他能够撮合注资顺丰的交易，一旦成交，将付给他1000万美元的佣金。

快递行业似乎成了一片经济领域的黑暗大陆，预备好了要进行一场隐秘又危险的狂欢。如果要为这场嘉年华准备一份军备资料的话，有人用了"正规军、军阀和游击队"这个说法。

所谓"正规军"是EMS(邮政特快专递)和顺丰,这两家企业都是直营模式。EMS(邮政特快专递)有国家邮政局的政策支持,网点优势无人能及,并且在国内企业中有巨大的国际件优势。顺丰有航空运力的资源优势,并且以服务质量高、管理严格著称。

"军阀"是宅急送和出自浙江桐庐的"四通一达"。宅急送的品牌和营销能力强,和制造企业关系良好,但是受2008年多元化业务失败的影响,尚未彻底恢复元气。

"四通一达"(申通、圆通、中通、汇通和韵达)是加盟模式的快递企业,网点分布全面,有规模化效应,但是对淘宝业务有路径依赖(这5家来自桐庐的企业有80%的业务都来自淘宝)。

2010年底,媒体频频曝光"暴力分拣"和"爆仓"事件,已经折射出加盟制企业的管理短板。至于"游击队",上有做代收货款业务的区域性配送公司联盟(COD联盟),下有几万元、几十万元、几百万元起家的夫妻店。

门槛低、投资大、周期长,这个快递军团未来5年内会怎样整合?

业内人士分析:中国快递行业未来有两大趋势。一个是集约化,劳动力密集、技术密集和资金密集,会有大量资金投资在信息化设备、中转中心和飞机上。一个是优胜劣汰,美国前四大快递公司占全行业份额的95%,中国前四大快递公司占全行业份额的50%,很明显集约化程度还不够。这个行业将在未来5年完成一轮整合,最终会有8家大的领先企业生存下来。"

业内人士说:"这8家里,顺丰和EMS(邮政特快专递)是一定有的。其余的,都还要观察。"

在王卫看来,做企业要靠实力说话,企业家如果一味追求曝光率,就难以把企业做得精纯。

在2002年之前，顺丰严格地把旗下所有业务控制在华南范围以内。2004年年底，顺丰才设立市场部门。我们打开电视，能够看到刘翔为EMS（邮政特快专递）代言，在高楼大厦之间奋力奔跑；还有张丰毅，他穿着UPS的棕黄色工服在偌大的仓库里出没。但是顺丰，迄今为止，从来不做任何广告。同行对它知之甚少。

1997年香港回归之前，作为国企的中铁快运，希望通过铁路打开香港的快件市场，但被派去广东谈判的人却碰了钉子，最终被当地海关婉拒。中铁快运了解到，当地已有一家企业垄断了几乎所有通港业务，即便自己开了这条线，也拿不到足够的货源，这家公司就是顺丰速运。甚至在当时政府部门一度也对它知之甚少。

2002年，顺丰在深圳福田设立企业总部，几乎包租下位于福田的万基商务大厦整栋楼。这时候，顺丰在全国已经有了180多个网点，并且拥有深港货运70%的份额。据说，当时深圳市领导去北京参加邮政部门的会议，这才偶然得知自己的城市竟然有一家行业龙头企业。此后，顺丰才得到市政府的一些优惠政策。

低调和雄心并不矛盾。美国管理学专家巴达拉克教授在他的著作《沉静型领导》中说，大多数卓越的领导者并非公众英雄，他们的一举一动都很有耐心，非常谨慎，做事循序渐进；他们做正确的事情，为了他们的组织，为了他们周围的人们，也为了他们自己，不动声色，毫发无伤。

腾讯CEO马化腾也是一个低调的人，1998年就进入互联网行业的他始终是最少被描绘的角色。马化腾说，"除了性格，自己保持低调最主要的理由是没有这个需要"。多数网络公司要靠宣传让社会、消费者重视自己，但腾讯采用直接面对最终消费者的方式，将品牌建立在产品和服务上。只有腾讯到大学校园里招聘时，创始人的抛头露面才是必要的。马化腾一直很低调，不喜欢在公司内部搞活动，公司上市的时候连酒会都没有办。这和腾讯的价值观有关：正直、尽责、合作、创新。凭借这种低调、沉稳的性格，马化腾带领着腾讯一步一步走向辉煌。

王卫和马化腾都属于沉静型领导者，他们的超凡成就在很大程度上归功于他们的低调。这种低调并不代表"缺乏自尊"，相反，他们既能肯定自己的重要性，也能肯定其他人的重要性，所以他们会尊重自己，尊重他人。企业领导时刻保持低调，他的下属便愿意和他交流自己的想法，愿意向他提建议，只有这样企业的损失才会降到最低。企业的效率也就能得到提高，企业利润也会随之提高。

6.那些年与马云的"恩怨情仇"

1993年，马云创立海博翻译社还不到一年时间，但是其经营状况却非常糟糕。为了维持翻译社的正常运转，马云背着大麻袋到义乌、广州去进货，海博翻译社开始卖鲜花、卖礼品。同年，年仅22岁的年轻人王卫，用从父亲那里借来的10万元资金，在广东顺德成立了一家快递公司，取名为"顺丰速运"。

谁也不会想到，十几年后，他们一个成为快递行业巨头"顺丰速运"的掌门人，一个成为电商龙头"阿里巴巴"的掌控者。

【王卫的谜 顺丰的那套办法】

王卫的深居简出和马云的高调布道大不相同，然而物流与电商的水乳交融又注定了他们之间不可避免的交锋。

早在2003年的时候，马云曾两次在香港约见王卫，希望顺丰能联手阿里巴巴。但是当时的王卫忙于和申通、圆通等公司抢夺市场，一心只想在快递民营企业中杀出重围，根本无暇理会马云。所以，王卫拒绝了马云的邀约。

2008年，顺丰的发展势如破竹，市场份额位居全国第二。为了进一步拓展业务范围，王卫不得不重视越来越壮大的阿里巴巴。于是，他奔赴马云的基地杭州，希望能叩响双方合作的大门。有趣的是，这次邀约，王卫遭到了马云的拒绝。

当然，马云绝对不是出于对王卫的报复，一方面阿里巴巴的强大让马云拥有足够拒绝王卫的底气；另一方面，王卫的"顺德派"模式并不符合马云的要求。

从拒绝到被拒绝，王卫和马云最后走向了竞争擂台。

2011年，王卫开始将业务延伸到电子商务领域，将采购、仓储和配送一网打尽。而马云则联合各大物流公司，豪掷千金搭建中国智能骨干网（物流地网），成立菜鸟网络科技有限公司，企图统领物流大军。两人的步调似乎惊人地一致。2013年，马云将阿里巴巴5%的股份出让给拥有国资背景的国开金融、中国投资有限公司、中信资本和博裕资本等几家公司。之后，一向"埋头做事，不愿上市"的王卫宣布将顺丰速运集团不超过25%的股份出让给同是国企平台的苏州元禾控股、招商局集团、中信资本。这似乎与顺丰一贯的保守谨慎作风大相径庭，更是与王卫坚持独立运营的理念背道而驰。但王卫有自己的态度:"不会为了上市而上市,不会为了圈钱而上市。"在他看来,此次的融资完全是出于战略性目的,只是为了更好地拓展业务和优化管理模式,而不是为了圈钱。

这样一来,在与马云的对抗中,王卫无疑拥有了新的筹码。

"顺丰做电子商务,这是迟早的事情。路都修好了,为什么不能够自己开车呢?顺丰物流本来做得就很好,末端也在做零售这块,如果三流都起来了,那么你说,它要做一个电子商务容不容易呢?"上述业内人士对时代周报记者笑称。

翻开顺丰2011年的历程,有关电子商务领域投入了如此大规模的手笔,不知是否会令王卫想起被马云拒绝的2008年。事实上,在这一年中,除却专程跑了一趟杭州被拒外,王卫也曾在电子商务领域小试牛刀,最终以与顺丰定位不符而宣告失败。

在顺丰首次试水电商业务时,王卫曾从宅急送挖来了一个高管,并成立专门的电子商务物流部门进行试水,但最终以失败告终。在接下来的几年间,电商公司却纷纷对顺丰进行了挖角行为,现在京东商城负责物流的副总,便是前顺丰高管;现在淘宝网物流总监龚涛,以前在顺丰的工号便是021456。

2004年便涉足物流业的黄朗阳,是汇递通的创始人,曾任亚马逊中国物流&供应链负责人、亚马逊全球物流系统经理,曾在2008年顺丰想打开电子商务市场时与其有过接洽,但最后因电商与顺丰企业文化之间的不符,顺丰不得已鸣金收兵继续回到高端快递市场。

"我曾在一家电子商务平台任职,有一段时间我们想找一些相对不错的物流公司进行合作,经过多方比较,最终选定了顺丰。合作下来发现,顺丰对于电子商务需要的作业流程、定价流程或者是服务流程都存在差异,最主要体现在服务和财务对价这一块,顺丰非常难以合作,所以最终作罢",黄朗阳称。

玛萨玛索男装,是少数能数得出来的,与顺丰有过合作的电子商务公司。然而,在与顺丰的合作过程中却充满了纠结。顺丰先是以高出行业标准5%的利润率签订公开代收货款协议。继而在合作过程中,顺丰与电子商务之间的矛盾频频发生。玛萨玛索指出,顺丰在到底要不要做电子商务上相当的摇摆不定。

一段时间里,顺丰似乎是与电子商务保持着合适的距离。在当时,顺丰加上EMS一天的发货量约在400万件,而淘宝一家电商一天的发货量便高达700万件。所以,就在国内"四通一达"等物流公司不得不为业务单而亦步亦趋紧紧跟随在电商"屁股"后时,顺丰却不怎么碰触这一高速发展的领域。

"目前从包裹里来说,四通一达占据了电商的主要包裹量,可以说四通一达是依靠阿里巴巴起来的,他们占据了阿里巴巴80%的包裹量,而淘宝占据了中国快递系统80%的包裹量。"物流智联网创立人,《物流智联网》著者罗辉林称。

在顺丰高达130亿元的业务量中,电子商务所占据的比例仅仅为8%。对于顺丰为何不碰触蒸蒸日上的电子商务,则必须追溯于顺丰自从2003年从加盟方式变为直营模式后的企业定位转变开始。

在顺丰创业初期,王卫并未过于控制末端,即采用类似加盟的方式进行区域的扩张。然而随着顺丰业务的不断扩大,出现了企业内部为争夺市场大打出手的情况。随后2003年王卫开始大力收权，采取了直营的企业发展模式，从源头将企业牢牢地抓在自己的手中。

当顺丰的直营模式加上王卫定下的顺丰以发展高端物流为核心的企业特色后，便形成了星辰急便总裁刘平至今仍在努力学习的顺丰模式。然而，顺风顺水依托直营与高端定位发展了数十年的顺丰，在遇上电子商务后，上述两者却意外地成为了绊脚石。这也是上述提及的矛盾所在。

"顺丰本身的物流成本决定于高端市场，大众商务这一块它基本不涉足，并且它的价格居高，很少有电子商务能这样做。比如一公斤的包裹，京沪线上的单价就是20元。但这对于一单包裹一般100~200元的成本，10%~20%的快递成本是很多商家难以承受的，而京沪线上包裹单价也不过6~8元"，罗辉林称。

顺丰的快，是令大众感受最深的差异化表现。一般快递公司3~5天才能到达的，顺丰承诺会在36个小时内送到。这样的速度优势却是用高出同行业近一倍的价格换来的。而这对于淘宝这样的电商平台一单生意不过百元的商家而言，是无法承受的。并且，顺丰的直营模式，虽然造就了企业的一体化管理，但在扩张速度上，远远比不上申通这样的加盟模式，也不适应淘宝店家全国发展的扩张速度。

在此基础上，当四通一达依托阿里淘宝大幅扩大业务量的同时，顺丰依然在几年时间里继续坚持做自己的高端市场。毕竟对于偌大的市场而言，只要能拿下10%的高端客户，对于一个企业而言已是相当可观的利润了。

7.令马云佩服的"快递之王"

很多年前,马云两次在香港约见王卫,王卫却避而不见。很多年后,电商彻底改变商业形态,因而王卫在杭州约见马云,马云不见。

马云和王卫是两个极致,一个高调到极致,一个低调到极致。这两个男人的真正交锋,才刚刚开始。

"你可能只听说过王卫拒绝马云的事情,其实他还不理马化腾。当然,也有很多人不理他。后来马云、马化腾也不理王卫。"一位顺丰优选离职人士表示。在他看来,爱玩户外极限运动的王卫"有点极端"。

除了快递以外,无论是顺丰银行,还是第三方支付,王卫还有更多的筹划。

在顺丰内部,快递业务体系被称作大网,足见其在顺丰集团的核心地位。但是目前,最让王卫偏头痛的则是电商吹来的风。

据中国电子商务研究中心监测数据显示,截止到2013年6月,全国电子商务交易额达4.35万亿元,同比增长24.3%。其中,B2B交易额达3.4万亿元,同比增长15.25%。网络零售市场交易规模达7542亿元,同比增长47.3%。

而在这个市场中,天猫依靠其影响力牢占半壁江山,占50.4%;京东占20.7%;苏宁易购占5.7%。

而电商行业一定程度上也在重构原有的快递竞争格局。数据显示,2012年整个快递行业增长率达到50%,其中电商对快递行业贡献达到72%。

这是组让王卫头疼的数据。以天猫的物流需求来看,阿里物流数据中心显示,双11当天,申通以1210万件居首位,圆通1110万紧随其后,韵达累积总数达1027万件,中通为1020万件,EMS 407万件在"三通一达"之后,而顺丰只有316万件。

"顺丰很早就在做电商了,但是一直也没做起来,这与顺丰的快递基因有关。"一个前顺丰优选人士表示,"快递的基因使得顺丰和互联网需要磨合。"

早在顺丰优选上线之前,王卫就涉足到电商领域,先后在2009年和2012年推出了"顺丰e商圈"和"尊礼会",效果不甚理想。

在2011年的一个私人聚会上,已经涉足电商的王卫,谈起顺丰做电商的生死,"顺丰现在做电商物流是个死;顺丰现在不做电商物流,将来可能也是个死。"

"其实顺丰尝试电商不算晚,但是等到真正做起来,中间浪费了很多时间和成本,起了个早,没有赶到集。而顺丰优选也存在着一些业务瓶颈和模式制约。"前述顺丰优选人士表示,"顺丰优选是模仿的京东模式,但是整个管理还是有太多快递的基因。所以,如果顺丰去做电商的话,原有体制会遭到挑战。京东作为电商去做快递也是同样的问题,两边的业务线高度不匹配。"

而在新CEO李东起上任之后,顺丰优选开始在战略上作调整。

一直以来为高端用户提供健康生活的方案,在李东起来了之后被推翻,开始以线上营销为主,走中低价值路线。

"顺丰选择食品行业为突破口是很正确的,电商很难渗透。顺丰利用运输优势,做冷链市场,是很明智的。"一位中国快递协会人士表示。顺丰内部工作人员也介绍,"我们想在电商市场提供差异化服务。我们研究电商的供应链特点、价格特点,然后对照我们现有的资源,看怎么样做一个更好的匹配。对电商,我们也在研究如何提高他们的产品附加值和客户满意度。"

"电商的发展速度和规模,应该是超过了王卫的预想,但是他应该不会后悔,他正在努力找办法解决。"一位顺丰内部人士表示,"而且现在也已经开始了合作,可能还是担心马云做物流,毕竟从上面走下来容易,从下游走上去难。"

商场上的针锋相对并不妨碍两人的惺惺相惜。马云曾在公开场合表示,他最佩服的人是能管理21万名员工的顺丰老板王卫。事实上,"快递"远远不是收件、派件那么简单,快递行业的管理难度是业界公认的。原宅急送总裁陈平说过:"管理快递这个平台的难度和复杂性,三天三夜都讲不完。"而快递物流咨询网首席顾问徐勇更是断言:"即使拿出三十亿,也无法在三年内砸出一个'顺丰'来。"这个令马云也佩服的快递之王,掌控着国内最强、最快、最大的快递公司。

8. "物流+电商"的无限前景

2013年8月中旬,元禾控股、招商局及中信资本等机构顺利成为顺丰的新股东,占有了不超过25%的股份。顺丰集团的这一举动令许多业内人士遐想无限,大家都在猜想,顺丰这个动作是不是要上市的节奏?但是后来,有相关人士证实,此次注资并非IPO性质的投资。

3位战略投资者对顺丰的此次注资，正是处在国内快递行业风云变幻、群雄并起的背景之下。随着经济社会的不断发展，网上购物开始成为一种时尚，电子商务领域在国内市场上占有了一定的地位。因此，作为电子商务辅助行业的快递业，便成了人人都想抢的香饽饽，各个投资者都想在这一领域分一杯羹，于是便出现了各路资本纷纷投资民营快递企业的现象。据相关人士透露，中通和全峰快递分别制定了自己的IPO时间表，正在加快上市的脚步。相比之下，顺丰的注资但不上市的举动，更引人无限猜想。

顺丰集团的副总裁王立顺曾经说过，"顺丰接受投资者的注资是大势所趋。"

有业内人士披露，王卫与元禾控股的老总虽然在三四年前就已经认识，但当时彼此还只是见面寒暄几句的关系，而现在两人已经成了合作伙伴。

2009年前后，正是经济危机肆虐之际，国内民营快递企业遭遇了困境，经历了一次重新洗牌。由于激烈的行业竞争，许多快递企业因经营不善，纷纷面临破产的境地，就连快递行业的几个老大哥"四通一达"与顺丰，也面临企业转型的压力。

直到2013年，"四通一达"的经营路线才逐渐步入正轨。由于电子商务领域日渐兴盛，消费者越来越喜欢在淘宝平台购物。于是，淘宝快件就成了四通一达的主要业务。这虽然帮助"四通一达"走出了经济危机的困境，但是，也使得民营快递企业对淘宝快件的依赖越来越深，也因此更容易受制于人。曾有人做过统计，在华东地区，有些快递公司60%的业务量是来自淘宝快件。

这样的现象就会造成一个问题：一旦失去淘宝快件，这些对淘宝信赖过度的快递公司就会很快陷入危机。遗憾的是，直到2013年，马云推出"菜鸟网络"之后，一些快递公司才有危机感。虽然快递公司不过是象征性地占有1%的股份,但是对于菜鸟网络却意义深远。有关人士指出:菜鸟正是因为有了快递公司的支持,才有正当理由建仓储物流,方便拿到更多的土地。

这也是顺丰集团的老总王卫为什么会跟马云"保持距离"的根源。从顺丰集团的发展历程来看,顺丰是靠"商务件"起家的快递公司。多年来,顺丰一直非常警惕淘宝件。尽管王卫也知道,电子商务的未来趋势将不可逆转,顺丰速运的工作人员也表示,电商包裹的增长是非常迅速的,但淘宝件仍然只占了顺丰快件总量的一小部分。

许多互联网分析师分析认为,顺丰速运在淘宝上的战略缺失,可能会成为顺丰最终走向衰落的根源。但在专门从事物流研究的专家看来,如果仅仅将物流定义为包裹快递,未免太过于肤浅。要知道,一家物流公司除了送包裹之外,可拓展的业务空间还有很大。有关专家指出,快递的外延是零担物流,规模有7000亿元左右,再往外是综合物流服务商,这是上万亿元的市场。最广义的物流是供应链管理,价值更是无法计算的。因此说来,顺丰速运离了淘宝并不是无利可求的。

其实,顺丰集团向电子商务领域渗透也是早有准备,就像一位业内人士对《时代》周报记者说的那样:"顺丰做电子商务,这是迟早的事情。路都修好了,为什么不能够自己开开车呢?顺丰物流本来做得就很好,末端也在做零售这块,如果三流都起来了,那么你说,它要做一个电子商务容不容易呢?"对于王卫和他的顺丰而言,铺路是很久之前已经在做的事情,而上路也是顺理成章的事情了。

事实上,顺丰在电子商务领域的尝试一直都不曾停止。

早在被马云拒绝的2008年,王卫就曾在电子商务领域小试牛刀，不过在当时的形势下，因为与顺丰定位不符并未成功。

王卫打算在电子商务领域首次试水，为此特意从宅急送挖来了一位高管，并且专门成立了电子商务物流部门。在这时，曾任亚马逊中国物流兼供应链负责人、亚马逊全球物流系统经理、汇递通的创始人黄朗阳，便与顺丰有过业务接洽，这也是顺丰有意打开电子商务市场的结果。然而，接洽的结果并不理想，因为顺丰的企业文化和定位与当时的电商领域还存在很大的差异性，最终顺丰只能鸣金收兵，退回高端快递领域。

对于这次尝试，黄朗阳这样说："我曾在一家电子商务平台任职，有一段时间我们想找一些相对不错的物流公司进行合作，就找到了顺丰。合作下来发现，顺丰对于电子商务需要的作业流程、定价流程或者是服务流程都存在差异，最主要体现在服务和财务对价这一块，顺丰非常难以合作，所以最终作罢。"

在这段时期，同样与顺丰有过合作意向的还有男装玛萨玛索。不过，两者在合作中，也同样充满了纠结和矛盾。一开始，两者签订的公开代收贷款协议中，顺丰要求的利润率，已经比行业标准高出了5个百分点，之后的合作中也出现了很多摩擦，最终也是以失败而告终。

在后来的一段时间里，顺丰便不大热衷与电子商业对接了。在国内"四通一达"等物流公司紧紧抱着电子商务企业的大腿，如火如荼地争夺市场、抢夺电商的业务单时，顺丰却与这一高速发展的领域保持着距离。《物流智联网》作者、物流智联网创立人罗辉林在采访中说道："目前从包裹里来说，'四通一达'占据了电商的主要包裹量，可以说'四通一达'是依靠阿里巴巴起来的，他们占据了阿里巴巴80%的包裹量，而淘宝阿里系占据了中国快递系统80%的包裹量。"在顺丰庞大的业务量中,属于电子商务的份额才仅仅占到8%左右。

行内人士则纷纷意识到,在快递业拥有自己机制资源的顺丰,很可能成为马云未来的竞争对手。在其他物流公司处在既依附于电商,又要痛骂电商的尴尬境地时,顺丰成为了两者冲突之间的"异类"。

对顺丰而言,来源于电商的8%的业务量,并不能对它造成太大的损伤,而超强的企业凝聚力、牢牢掌控的高端物流资源、直营式的发展模式都是它手中的筹码。如此,顺丰手握物流高端市场,既不必依附电商生存,又有进军电子商务领域的意愿、经验和实力,难怪业界将王卫视为马云未来最大的竞争对手之一。

如今,低调依然是顺丰与王卫经营电商之路的风格。然而不管他们如何低调,顺丰的一举一动都会备受瞩目。低调的顺丰掌门人王卫仍然在有条不紊地下着自己布下的棋局,布局着"物流+电商"的无限前景。

顺丰年表

1993年

顺丰速运公司在广东顺德创立

在香港特别行政区设立营业网点

1996年

涉足国内快递

1997年

局部垄断深港货运

2002年

全面收权,组织结构大变革

顺丰在广东深圳设立总部

2003年

顺丰1KG次日达业务从15元涨到了20元

与扬子江快运签下合同，成为国内第一家使用全货运专机的民营速递企业

为中国非典型肺炎的防治工作捐赠200万元

2004年

营业额达到13亿元

顺丰集团荣获广东省青少年事业发展基金会"捐赠证书"：为希望工程捐赠100万元

2006年

华北总部迁到北京空港物流园

2007年

在台湾省设立营业网点，覆盖了台湾省台北、桃园、新竹、台中、彰化、嘉义、台南、高雄等主要城市

2008年

在澳门设立营业网点

"5·12大地震，顺丰在行动"：累计捐款937万元，并捐出可供3500人使用的帐篷

组织78名志愿者赶赴灾区救助和重建

地震后公司组织员工领养了76名孤儿

2009年

台湾遭遇"莫拉克"台风袭击，两岸三地上百名艺人发起"赈灾义演"晚会，顺丰速运捐款200万港币

正式成立广东省顺丰慈善基金会

购买飞机，成为国1内第一个拥有飞机的民营快递企业

2010年

开通对新加坡的国际物流,覆盖新加坡(除裕廊岛、乌敏岛外)的全部地区

顺丰"E商圈"开始运营

青海、玉树地震,顺丰新成立的航空公司无偿为灾区运送42组近25吨的发电机组,同时为灾区捐款1000万元

2011年

开通对日本、韩国、马来西亚的国际物流,覆盖韩国全境

顺丰电子商务有限公司注册成立

顺丰与7-11结盟,同时推出自营便利店

顺丰宝获得经营第三方支付牌照

2012年

开通对美国的国际物流

顺丰退出尊礼会,涉足电商

顺丰优选正式上线

顺丰优选原CEO刘淼退位,集团副总裁李东起上任

2013年

开通对泰国的国际物流

顺丰优选常温配送增至74个城市

首次融资,三大入股机构约占25%的股份

第二章

王卫成功之谜:苦干还要巧干

1.把创业当作一种"奔头"

当创业成为了一种奔头,创业者就会从内心深处产生对工作的热爱,也就更容易获得创业的成功。从一个名不见经传的小公司,发展到国内快递行业的龙头企业,顺丰一路飞速成长。在顺丰高歌猛进的背后,是王卫和员工们的巨大努力。

自从1993年成立顺丰速运,王卫和员工们整天都是风里来雨里去,为了赶时间不知道摔了多少跤。现在王卫的双腿上仍然留着深浅不一的伤疤,这些伤疤不仅仅是王卫创业艰辛的见证,也是顺丰成长的最好证明。

1993年冬天的一个普通早晨,王卫熟练地背起装满快递的背包,骑上摩托车就开始了一天的派件工作。一位老员工说王卫"每天早上六点准时来拆包"。

一直到现在，王卫还把自己当成一个普通的快递员。有一次，他甚至早上到达顺丰在北京三元桥的中转点，沉默而迅速地整理好快件，然后用黑色PDA（即顺丰巴枪，指利用中国移动网络平台，以PDA终端作为数据存储的载体，连接条码扫描枪，形成一套数据采集传输系统）扫描快件上的条码。

2013年，王卫在福布斯中国富豪榜排名第22位，拥有237.9亿元的巨额财富。如果要在他的财富之下加上一个注脚，那无疑是"最有钱的工作狂"。不管是创业初期还是闻名天下的今天，他每天都会保持十五六个小时的工作时间。日复一日的奔波劳累让这个中年男人看起来有些憔悴不堪，却依然改不掉长达20年的职业习惯。就连同行对于他的这种行为也深深不解。申通快递董事长陈德军如是说："我想要放下。我这个岁数，身体才是第一位的。我不想那么累。我不理解王卫为什么要把自己搞得那么累。"

"断胳膊断腿是家常便饭"，创业初期，为了能在最短的时间内赢得更多的客户，王卫和他的员工们经常以超出正常的速度穿街过巷，因此经常发生交通事故，擦破皮、崴到脚甚至摔断腿的情况经常发生。

20年后顺丰已经成长为中国最大的快递公司，回首过去的种种疯狂与不易，王卫最常说的一句话就是"顺丰是用命换来的"。

把自己的主要精力和时间放在热爱的事业上，最终利用聚焦原则把能量发挥到最大，取得的效果也会最佳。一个拥有狼性精神的创业者，无论在怎样艰苦的环境中，都能够生存下来，并且获得长足发展。王卫和许多成功的创业者一样把狼性精神发挥到了近乎疯狂的程度，这是年轻的创业者最需要学习的创业精神之一。

2.高质量的服务就是最好的宣传

王卫将低调的为人作风融入到顺丰的日常工作中,让整个顺丰显得同样不起眼。公司成立初期,顺丰的快递员完全没有专业的服装、车辆,看上去是一堆快递行业的杂牌军,不像别的大型快递企业做得那么醒目。每个顺丰快递员给人的感觉都是普普通通,把他们放在大街的人流中,很快就消失得无影无踪,转头三分钟就会忘记他们的长相。

虽然顺丰的员工很不起眼,但是工作很踏实。因为低调同时还意味着踏实,这也是王卫能有今天的一大原因。王卫在管理顺丰的过程中,不关注花哨的外部宣传,而是把全部心思放在如何做好分内事上,埋头苦干,努力提升顺丰快递的服务质量。

我们来看看一个顺丰员工的一天。

顺丰是一家拥有8万名员工的企业,每年的劳动力成本占总体成本的40%左右。员工中的绝大部分是来自中国农村的农民工。他们有做过黄牛党的,有做过建筑工人的,也有刚刚高中毕业的。他们工作方式分散,但是规模巨大。如果王卫出台一个考核制度,那么它马上就要进入一个数万人的汪洋大海,有数万人和他博弈。王卫面临的是一个任正非、柳传志或者马云都不曾面对过的管理学命题。

顺丰快递将整个北京划分成26个分部,望京是其中之一。每个分部下面又分成若干个点部,望京有3个这样的点部。整个北京有136个这样的点部。每个点部有10~100名收派员和仓管,再搭配组长和经理。他们每天完成的收派件量有15万之多。

每天早上8点,他们要从北京城的各个地方赶过来。早例会由组长检查大家的仪容仪表,简单传达公司的命令。比如学习北京两会期间的交通快递方案等。

接下来,快递员们将会迅速地把自己片区里的包裹收好。能塞进背包的塞进背包,不能塞进背包的就绑在助动车的后座上。这种简易实用的交通工具价值1500元人民币,是每个快递员自己购置的。他们八点半就要出发派件,按照"收一派二"的规定,在十点半之前,他们要派完第一批件。12点左右的时候,会有同城其他点部的小三轮车过来,完成一次同城小中转,把收到的同城件和天津件就近转派一次。黑色的送件车一天会从机场中转场来5趟,再拉6次包裹回中转场。这家点部并不算大,平均一天收发2000件,快递员一天得往外跑上十几趟。

快递员沉默地把东西装好后,又沉默地一个个出发。没人顾得上聊天,他们都在争分夺秒地赚钱。一方面,如果做不到"收一派二",被客户投诉,有可能会被扣分甚至辞退;另一方面,假使他们能够抓紧时间多送一个件,就能多提成两块六毛钱。这是一个小小的责任承包制的循环,每个快递员每天都在这个循环上努力奔跑。

企业的核心竞争力到底是什么?就是高质量服务。

在欧洲,保证完整、高质量服务,已成为物流企业必备的竞争手段。德国第二大物流企业申克国际物流公司,在全世界100多个国家拥有分支机构,年营业额50亿欧元。在申克公司的经营理念里,为客户提供全面完整的高质量服务永远是排在第一位的。因此,它的服务范畴除了按时送、门到门服务外,特别加上"高质量服务"这一条,即满足客户的一切合理要求。

快递行业是个入职门槛非常低的行业，它并不需要多专业的知识或者多高的学历，不管是三四十岁的下岗工人，还是高中刚毕业、初出茅庐的年轻人，都能从事这一业务。那么，当就职人员的文化水平几乎普遍不高的情况下，是什么决定了顺丰的与众不同？

事实上，顺丰有一种别的快递公司所没有的专注，这样的专注在顺丰扩展初期就已经生根发芽。当顺丰开始向全国扩展时，并没有足够的资本将营业网点开遍整个市区，因此当时北京的整个朝阳区就只有一个顺丰营业中心。顺丰人为了将一件货物安全地送到收货人手里，骑着电动自行车，一路从国贸开到了昌平，行驶了差不多47公里。

随着时代的转变，当时的员工现在已经难觅踪影，可是这样的精神却被或多或少的继承了下来。而今的顺丰员工，在为客户服务上的确做得比国内不少民营企业周到。

顺丰是一个鲜见广告宣传的企业，尤其对一些不了解快递市场的人来说，没有听说过有顺丰这家快递公司也不足为奇。但就在这低调之中，顺丰默默地拿到了最多的业务，成为了最多客户的首选快递。

将顺丰打造成拥有如此强大实力的企业的，就是每位员工的服务。而顺丰也通过这种独特的服务营销，成为了真正的快递龙头企业。

实际上，快递产业的服务情况非常不好判定或者划分等级。不同的顾客对不同的派件员会有完全不同的看法，就算是相同的派送员、相同的言谈举止，不同的顾客也可能会有完全不同的评价。因此，想要让所有顾客满意是不可能的。为了尽力在服务方面做到最好，顺丰开辟了高科技的完整服务系统。依赖于这套系统，就算营业员态度不够好，没有做到服务全程微笑，客户仍然可以从这套系统中感受到顺丰作为民营快递"领头羊"的实力。

　　这套系统包括员工以最快的时间收发货物、客户可以在网上全程把控货物的运送情况等服务，这让许多人感到非常贴心。尽管别的快递公司也采取了这类做法，但是他们往往做得不如顺丰精细。不少客户在对比之后发现，许多快递只能查询到货物前几个小时乃至前一天的动向，对于自己的货物现在到了哪儿则完全一无所知。但是在顺丰的系统上，顾客可以清晰地了解到自己的货物现在正位于什么地方，处于运送过程中的哪一个环节。

　　在这部分，顺丰会比其他公司多考虑一些。每当货物安全送达收件人处后，工作人员都会再停留五分钟。在这五分钟里，他会将刚才收件的时间和收件人姓名仔细记录，随后发送给寄件者。这不仅让顾客更加安心，还能够及时发现出错，方便立刻追回货物，但是其他快递公司就没有这样的要求。

　　除此之外，顺丰的客服部门也显得井井有条。这个部门的工作人员全是年轻的女孩，并且统一着装，全部要求白衬衣和黑西装。她们在各自的小隔间里工作，戴着耳机耳麦，整齐划一，尽管各自都在轻声说话，但是却没有特别凌乱的感觉，反而给人留下严谨肃穆的印象。

　　当王卫的一体化服务系统愈加完善时，他会要求员工们提供更优质的服务。服务是顾客与员工的交流，优质的服务能够给人良好的印象，加强顾客对顺丰的依赖度，同时还能得到顾客及时的反馈，从而有益于顺丰的不断前进。

　　比如王卫在对顺丰优选进行构思时，就非常注意它的配送系统。而今的顺丰优选，每次送货都是一位驾驶员加上一位客户经理的人员配备，硬件设施则提供了可以冷藏、冷冻、零度保鲜的机器。

到达小区门口时，由客户经理将货物放入保温包之中，送达收货人处。但这还不是一次配送的结束。随后，经理会拿出标配的iPad，客户可以通过iPad进行收货处理，同时还能让客户在体验产品之后立即作出反馈。

有位客户就在使用顺丰优选后表示："配送的员工是蓝衣黑裤的打扮，还配备上了非常时尚的背包，一下子就让我有种好像走在了时尚前沿的感觉；其次，送货员要求我必须开箱验货，确认货物质量，让我感觉非常舒心，一些快递企业的员工在送货时根本不让人验货。一对比，高下立见。每名送货员还配有一名司机，两人一同来为我送货，让我有种优越感。当我在输密码时，送货员会自动转身，我也感到放心。收货完毕之后，送货员还拿出了iPad让我给出评价和确认收货，太方便了！"

在不久的未来，优选还将通过iPad来进行货物定位，从而达到通过一个科技产品，全程掌握货物所有信息的效果。此举不仅方便了员工携带，还能够让客户感受到高科技带来的福利体验。

而今随着人们生活水平的提高，越来越多的人不会过多看重商品本身。尤其是上层人士，他们更追求周到的服务，使人心情愉快的体验，为此多花点钱也没有关系。为了应对这样的要求，王卫不惜投下重金提高送货员素质，培训送货员可能用到的各种技能，并给他们每个人都配上iPad，由此才让顾客们享受到如此优厚的服务。

快递始终带有服务性质，员工能够给顾客提供怎样的服务，会决定顾客未来的选择方向。做服务行业的人都知道，顾客在细节上享受到的体验，能够成为其超越同行的决定性竞争力。最终决定客户如何选择的，也就是那些看似微不足道的一点一滴。

其实做好自己的本职工作就是最大的宣传，关注的人自会关注。王卫相信自己再怎么低调,高质量的服务会令客户选择自己,酒香不怕巷子深。同时王卫的踏实做事风格,促使每个顺丰员工像个勤劳的工蚁一样努力工作,十几万工蚁组成了了不起的顺丰快递。

3.贡献汗水,更要贡献智慧

每个企业都喜欢能够提出新思想、好方法的员工,因为这不仅能够解决工作中的实际问题,还有利于激活竞争力。善于创造性工作的得力员工,是企业不可缺少的力量。

2009年端午节,顺丰速运嘉兴分区的快递员按部就班地将快件送往所分管的区域。

不同以往的是,客户签收之后他们并没有立刻撤离,而是趁机推销起了远近闻名的"五芳斋粽子"。粽子是端午节每家每户的必备之物。对于客户来说,粽子自动送上门,何乐而不为呢?这个小小的尝试却帮助"五芳斋"卖掉了100多万的粽子,当然也给顺丰带来了一笔意外之财。"粽子"经历让顺丰尝到了甜头,也给王卫带来了新的启发。

以后,每逢过年过节的时候,顺丰便会采用相同的手法营销。比如,中秋节推销月饼、春节推销年货。快递员的角色迅速从单纯的"运输工"转变成积极的"销售代表"。对顺丰来说,这样的尝试并不存在太大的风险。凭着天然的配送优势和品牌口碑,顺丰在节日礼品方面的推销取得了相当不错的成绩,并且屡试不爽。

只有凡事想在先、落实好,才能创造更多的价值,也才能赢得更多的信任和机会,在工作中不断地成长进步,为自己的职业提供"附加值"!

下面两个年轻人的故事对我们或许都会有所启迪。

有两个同时大学毕业的年轻人,被同一家企业录用。两年以后,其中一位已经提升为业务主管,而另一位却还在基层默默地工作。他觉得很委屈,因为他认为自己比得到提升的那位同学兼同事更加努力。

第三年,他的同学已经被提到一个重要部门的经理位子上了。终于,他忍无可忍,向总经理递交了辞职信,并抱怨自己一直辛勤工作却得不到提拔,而其他人却一帆风顺。

总经理耐心地听着,他了解这个业务员在工作中很尽力,但似乎又缺少了点什么。后来他想到了一个主意:"这样,"总经理说,"你马上到客户那儿去一下,看看今天牌橄榄油出货的价格行情怎么样。"

没过一会儿,他很快就从客户那儿回来了,并向总经理汇报说:"今天牌橄榄油客户今天售价138元/瓶,客户反映近期送货的时间比较长,我让他向公司客服反映,做个登记。"

"客户那儿现在还有多少存货?"总经理问。

这个业务员连忙又跑去,回来后汇报说:"有52箱。"

"他现在卖的情况怎么样?"

这个业务员又一拍脑袋,"那我再去问问他吧。"

总经理望着气喘吁吁的他说,"你还是休息一会儿吧,看看你的同事是怎么做的。"说完叫来他的那位同学:"你马上到客户那儿去一下，看看今天牌橄榄油出货的价格行情怎么样。"

　　这个年轻人也很快从客户那儿回来了，汇报说：今天牌橄榄油客户今天售价138元/瓶，存货还有52箱，近期出货量明显加大，考虑到马上会进入销售旺季，他已经给客户做了一个预进货的方案。

　　同时他还了解到客户现在正打算做一个市场促销活动，他看了活动的方案，给客户提了一些具体操作的意见，现在把客户的方案也拿回来了，请总经理有空时可以看一下。

　　另外，客户反映近期发货慢，他回来的路上联系了物流公司。物流公司解释是因为近期人手出现了问题，所以没有及时到货，以后不会出现类似情况。在沟通解决后，他马上打了电话向客户致歉并做了说明。

　　听着这一切，这个抱怨没有升职的业务员再也不说话了。

　　上面故事中，第二个业务员跑一趟就将所有的情况都弄清楚，将所有问题给出了解决方案并处理完了，既省时省力，又扎实高效。通过这个故事我们可以得出结论，卖力去做并不等于就把事情做好做到位了，这是问题的关键。

　　既能想到位，又能做到位，这样的员工才会体现出更大的价值。这也就是第二位员工获得提升的真正原因。

　　日本JR电车每碰到下雨天一定会在车内广播："请不要忘了自己的伞。"但丢伞事件在车上还是时有发生。

　　有位员工提出了异议："一成不变的广播词有何意义呢？"这个广播无非是要提醒乘客注意，不要将伞遗失在车上。但因为例行公事而没有新意，导致乘客出现了听觉"麻木"。

　　这位员工提出了一个好的想法，如果在广播中改说："目前送到东京车站遗失物管理处的雨伞,已超过300把,请各位注意自己手边的伞。"这样,乘客们一定会耳目一新。事实证明果真如此。

从此,忘记带雨伞的情形大为降低,乘客们对电车公司的细致服务纷纷表示满意。这位员工也因此得到了老板的赏识。

我们可以换位思考一下:如果你是老板,有人只要一遇到困难和问题就会来找你汇报,希望你出面摆平或解决,或者一个劲儿地抱怨客观情况如何不好,像一个问题的传声筒,你还会考虑将重要的位置留给他吗?

员工向你交付一件工作以后,尽管他做到汗流浃背,但是却不能如预期高质量地完成。你还会再考虑将下一件重要的工作交给他吗?

答案是显而易见的。

正如GE公司前CEO杰克·韦尔奇所说:"在工作中,每个人都应该发挥自己最大的潜能,努力地工作而不是浪费时间寻找借口。要知道,公司安排你这个职位,是为了解决问题,而不是听你关于困难的长篇累牍的分析。"

在一个纺织企业里,厂长视察后跟生产主管说:"说实在的,我觉得现在员工的左右手反应太慢,工作效率极低,你能想想办法吗?"

这位主管略加思考后,建议厂长组织员工每天利用业余时间去练乒乓球,在轻松愉快中锻炼手部的反应能力。结果半年以后,员工的工作效率大大提高了,皆大欢喜。

这位主管处理问题的能力和思考的水平给厂长留下了深刻的印象,认为他是一个得力的人才,最终得到了重用。

记住这句话吧——贡献汗水,更要贡献智慧;要努力,更要得力!

有的人感叹自己一辈子注定只能拿死薪水,发展的前途渺茫。其实这时不妨扪心自问一下,自己负责的每项工作是否都用心地去做了?是否仔细研究了自己工作中的每个细节?为了给企业创造更多的价值,是否在不断学习,提升工作技能,找到更好的工作方法?是否对所做的每一件事都尽心尽力了?

如果对这些问题无法做出肯定的回答,那就说明我们做得并不比他人好,也就不必疑惑为什么自己比他人聪明,却长期得不到提升。因为,用心才能优秀!

4.抓住机遇,制定合适的战略

王卫曾经在顺丰内刊上发表文章,分享一些自己的做人做事之道。

文章里写道:首先是积极进取的思考方式。其实每件事情的发生都是有前因后果的,用佛家的话来说,这一切都是如因果在进行。

"我们今天的一切,其实都是由以前发生的事情所决定。就好比一天,你在酒店突然醒过来,你不知道自己为什么在这里,那是因为你忘记了你的昨天、前天、大前天。命运没有无端的安排,只是你丢失了一段记忆。在命运的安排下,没有无端发生的事情,而唯一能改变这个进程的,就是人类的思考方式。"在王卫看来,一个人的思考方式决定了他的人生轨迹和发展方向。

虽然创业的过程中充满了无常，但是当一个人能够把自己要走的每一步都想清楚的时候，就可以在很大程度上掌握主动权。

地产大王潘石屹也主张在创业中学会冷静思考，他说："所有人都在胡言乱语时，我们尤其要保持冷静，甚至坚持孤独，让自己的心安静下来。从古到今，任何激进的行为、冒进的行为，任何过分渲染的喧哗，都不会长久。轰然而来的东西往往也会轰然离去，大自然如此，人类社会也是如此。你应该回到红红的太阳下，把自己想清楚。"

王卫和潘石屹给了创业者很好的启示：创业最根本的是要将自己想清楚，从自身实际条件出发进行选择。在进行创业项目选择时要根据自身条件，结合性格、兴趣、专长、实力、环境等多方面因素综合考虑。

在选择创业项目时，创业者应有的放矢，选择适合自身性格的项目。创业者的特长、专业、才智、阅历在某种情况下会成为选择项目的主要根据。

看看当初一起创业的"快递兄弟"们，宅急送在发展战略上做出调整，结果转型失败；"四通一达"则一直做得不瘟不火。纵观顺丰的发展，重点就在于王卫能够在关键的时候为公司制定合适的发展战略。即使"四通一达"现在开始模仿和追击，也难以超越顺丰。因为，这不仅要看自己的战略，还要看是否有合适的时机。

从快递费用上来看，顺丰并不占优势，因为王卫这个顺丰的"战略大脑"锁定的是中高端客户人群，但是贵有贵的道理，高资费对应的是高水平的服务。他为顺丰制定了统一的服务标准，其他快递公司还不能保证三天内能送到的时候，顺丰快件两天内就可寄到，真正做到了"顺风"。除此之外，不但速度上占有优势，顺丰的快件损坏和丢失情况也都比别的快递公司好很多。

　　凭借着出色的服务，王卫带领顺丰迅速地将自己相中的中高端市场拿下。

　　至于服务态度，每个顺丰快递员在上岗之前都要进行一系列的培训，考核合格才能上岗。快递员的服务态度由客户的投诉情况来衡量，王卫还规定员工的工资直接与送件的数量相挂钩。所以曾有顺丰员工送快递的路上跌倒了，爬起来继续奔跑的事情广为流传。

　　虽说王卫将顺丰经营得风生水起，但苦于整个快递市场的不景气，收益也不是甚好。

　　就在这个时候，快递市场迎来了它的春天，2003年"非典"席卷中国，外面变得空空荡荡，人们都躲在家里上起了网，网购成为那时最火的事情，快递市场也随之热了起来。顺丰货物量激增，王卫这时发现，当货物达到一定数量后，用飞机运和用汽车运在运送成本上相差很小，既然这样，为何不采用速度更快的飞机运输呢？加上"非典"的影响，这时的空中运输价格跌入低谷，王卫顺势与航空公司签下了租赁合约。

　　自从用飞机为快件护航，顺丰的速度更加快了，王卫又随即推出了限时服务。当别的公司含含糊糊地说"差不多三天能到吧"的时候，顺丰承诺"48小时一定送达，加急快件24小时一定到"。在稳稳地笼络住原有客户的心的同时，顺丰的中高端市场不断加大。随着人们消费水平的提高，越来越多的人渴望享受更高水平的服务。因此，服务更可靠、速度更迅捷的顺丰越来越受青睐，很多低端市场中的客户被吸引过来。虽说在淘宝上购物，寄其他快递可以包邮，寄顺丰就要加邮费，但顺丰在网购中还是不乏众多粉丝。

　　随着网购的火爆，"四通一达"几个快递公司的淘宝件占到自己公司业务的绝大部分,但是顺丰的淘宝件只是自己业务的十分之一。其他快递公司确实都靠着网购的火爆大赚了一笔,王卫能否保证自己的业务不被网购所冲击,顺利度过被网购引领的快递之风呢?

是否进军淘宝行列是摆在王卫面前的一个难题。首先,公司的快件业务朝向网购发展就意味着要放下中高端市场的定位,转向低端市场。低端市场最典型的竞争方式就是打价格战,谁在价格上更低就更有优势,从这一点讲顺丰未必能在低端市场分得一杯羹。另外,顺丰在开辟中高端市场时投资不小,放弃之前打下的一片天是不是合算呢?

2011年1月,阿里巴巴公司的"物流合作伙伴发展大会"在北京举行,马云宣布了大物流战略,也就是将来有一天将会拥有自己的物流系统,正如凡客诚品等这些企业一样,不再需要专业物流公司的参与。对王卫来说,此时放弃原来的市场而参与到不知道哪天就消失的市场里,岂不是得不偿失?

为了增强与"四通一达"的竞争力,王卫在综合考虑了这些方面之后,决定继续坚持原有的市场定位,但是会在战略上发生一些转型,比如不再是单一地只寄送快递业务,而是逐渐向综合物流方向发展。

市场竞争是一场没有硝烟的战争,"商情"更是瞬息万变。面对诸如经营环境的突然恶化、经营环节的突然中断、谈判桌前刁钻问题的提问等突发的危机、意外的事故,必须学会随机应变,在极短的时间内想出应对之策。如果面对复杂多变的环境,应付自如、游刃有余,就有可能化险为夷,甚至变坏事为好事,变被动为主动,成为走向成功的契机,达到最佳效果,反之则有可能走向平庸,甚至失败。

要想成功,就要有面对不同的人和环境,克服困难的能力。面对具有挑战性的环境,最好的方法就是随机应变,机智应对。在商战中,随着市场的行情,采取灵活多变的运作方式是经营者取得成功的一个保证。

举世闻名的希腊船王奥纳西斯,在20世纪20年代曾经经营烟草生意,正当他的事业处于进展之际,1929年的经济危机像无情的风暴,把他和许多人的一切吞噬一空。在许多人相信世界末日为期不远的大混乱中,奥纳西斯却看到了危机后的复苏。他断定:谁要是趁今天的机会买进便宜货,到明天就可以几倍的高价把它们抛出。但是,他购买的不是其他公司的股票,也不是破产企业的不动产,更不是许多人抢购的黄金,而是被人们看作最不景气的航海业的工具——轮船。第二次世界大战的爆发终于赐给他神奇的机会,他的六艘船只一夜之间变成了"浮动金矿",载着他驶向成功的彼岸。

第二次世界大战结束后,美国建筑业大发展,泥瓦工人供不应求,每天工资涨到15美元,一个叫迈克的人看到许多"征泥瓦工"的广告,但他却不去应征,而是去报社刊登了一条"你也能成为泥瓦工"的广告,打算培训泥瓦工。他租了一间门面,请了师傅,教材是1500块砖和少量砂石。那些想每天挣15美元的工人蜂拥而至,使迈克很快就获得了3000美元的纯利,相当于他自己去当泥瓦工200天的收入。他独特的思维方式使他迈进了管理者的阶层。

创造机会的人是勇者,等待机会的人是愚者。观念不变原地转,观念一变天地宽。思维的盲区是奇迹的生长点。"出奇"是制胜的重要法宝。出奇是一种创新,但同时也意味着冒险。一件物品在不同的时间,对同一个人却有着不同的意义;一句话在不同的时间,对相同的你会产生不同的作用;一个机会在不同的时间,对同一个你会造成不同的结果。所以,要随时瞄准机会,出奇制胜。

5.追求热爱的事业,而非挣钱的工作

"追求热爱的事业,而非一份可以挣钱的工作。"这句简单的名言,可以加深你对工作的理解,认识到工作是实现自我的一个舞台,不是一份用来换来薪水的苦差事。

顺丰发展初期,王卫的身边只有十几个员工。当时,顺丰的业务已经从深港货运延伸到国内快件,业务量呈爆炸式增长。王卫和他的顺丰,像一块干涸已久的沙漠,疯狂地吸收着雨水的滋养。他们每天的任务就是"飞奔"。

每天早晨天还未亮的时候,王卫就已经从车上取下货物,背着塞得满满的快件包,骑着摩托车飞奔在城市的大街小巷了,一直到晚上十一二点才回家。王卫和他的老员工在顺丰刚刚起家的时候,特别看重送件的速度。

有的员工翻烂了十几张地图;有的员工高速飞车,快得来不及转弯。王卫和他的员工在创业初期所表现出来的那种奉献精神,对于顺丰"疯长"般的发展,有着不可估量的推动作用。

工作不光是赚钱养家糊口的手段,工作的过程成为一种精神的

享受,工作的成果就会成为富有创造性的作品。王卫在内部讲话中强调:明白生活的意义,认清工作的价值。社会不断向前发展,一代人只会更比一代人进步。

王卫说:"90后要吸收80后,70后身上的优点,再总结不同年代身上的优点,优点要积极传承,缺点要积极改正。在我看来,人生要美满,首先要有一定的刻苦精神。我们20世纪六七十年代出生的这代人都是很刻苦的,但也不能说就这样刻苦一辈子,我们要追求人生的价值,要明白我们来这个世界究竟要做些什么。当然,对于这一点,每个人可能都会有阶段性的认识,不同的阶段想法不一样。有些人说我来到这个世界就是为了享受,有的人可能会说人生苦短,我要多做些有意义的事……在我看来,一个人来到这个世界,做什么暂且不说,首先起码要有个正确的人生观,而这个正确的人生观最好能涵盖我们上一代人的优点,刻苦精神。我们这一代人,还包括更上一代人,都是不太会平衡身体健康,个人生活质量,家庭和工作。那么,新一代人出来工作,除了养家糊口外,更要学会平衡好工作和身体的关系。"

王卫认为,他们那一代人中,很多人工作都是为了糊口。而新一代人刚踏入社会工作,基本上没有糊口的压力,就要多问一问工作对自己来说有没有价值。这个价值不在于赚多少钱,而在于你和你的工作,在社会上是不是得到认可,是不是创造了价值。新一代的年轻人要靠自己真本事,靠对工作的热忱,好的服务和客户满意去赚到钱,这才是对社会、对他人有贡献的事情。这种价值回报、这种满足感,甚至可以超过物质的回报。

北京苏州街云南特色火锅店有位清洁员,她在这家饭店工作了几年,一直在洗手间做保洁工作。洗手间总是被她打扫得干干净净,客人从洗手间出来,她都会微笑着送上干手巾。

客人们对她的服务交口称赞。有的客人劝她换份工作,她说:"我为什么要换工作呢?我的工作就是最好的。看到客人们对我的工作的认可,这就是我最大的幸福了,我又何必换工作呢?"

这位清洁员就是用高尚的态度使自己的工作也变得有意义。如果一个人轻视自己的工作,那么他就会将工作做得一团糟;如果一个人认为他的工作辛苦、烦闷,那么他也绝不会做好工作,在这一工作岗位上也无法发挥自己的特长。

很多时候,工作中之所以出现了问题,其症结就是因为我们的工作态度出了问题。世界并不完美,但是心态可以完美。以积极的心态去面对工作,我们会豁然发现工作也有了转机。

方明大学毕业后,来到一家广告公司做业务员。他的主要工作是通过电话联系指定客户,然后去拜访那些有广告意向的客户。在办公室里,电话联系客户是很轻松的,可要出去和客户面谈,他就不乐意了。因为有些客户在郊区,去拜访他们十分不方便,不仅要转几趟车,有时还要步行。

一天夜里,他睡不着,自己躺在床上想:为什么自己会有这种想法呢?想了好久,他终于知道,原来自己还没有真正融入到自己的工作中去。最后,他告诉自己:这是自己的工作,既然选择了跑业务,就必须以积极的心态接受工作的所有内容,和客户面谈也是我的工作的重要的一部分,怎么能不去呢?

如今,方明已经成为一家跨国公司的销售总监。回顾在广告公司做业务员的经历时,他说:"拜访客户让我学到很多,比如如何面对客户,如何与人沟通和交流等。"

方明调整个人悲观的心态,才走上了成功之路。心态是你真正的主人。要么你去驾驭生命,要么生命驾驭你。你的心态将决定谁是坐骑,谁是骑师。在人生的旅途中,有数不尽的坎坷泥泞,也有看不完的春花秋月,持一种什么样的心态,将最终决定你的人生轨迹。

在工作中,一味抱怨自己的境况是如何恶劣,最终只会让自己的处境更加恶劣。我们应该转换一种思维,将抱怨化为感恩,你会发现一个截然不同的崭新世界展现在眼前。

励志电影《为人师表》中的演员爱德华·奥尔莫斯应邀参加大学生的毕业典礼时,满怀激情地对大学生说:"在大家离开前,我有一件事要提醒各位,记住千万不要为了钱而工作,不要只是找一份差事。我所说的'差事'是指为了赚钱而做的事情,在座各位当中许多人在校期间就已经做过各式各样的差事,但工作是不一样的,你对工作应该有非做不可的使命感,并且要乐在其中,甚至在酬劳仅够温饱的情况下,你也无怨无悔。你投入这项工作,因为它是你的生命。"

6.目光放远,适当牺牲眼前利益

顺丰创办二十余年,就像小树一样在快递行业快速成长。王卫的战略战术,当机立断的做事风格,深刻地影响着顺丰的发展。

当业界大部分企业都在为了高额利润你追我赶时，顺丰自然也不甘愿落于人后。但比起其他企业，顺丰会适当考虑自身的承受范围。比如当接单量可能超过300万件时，不少快递公司老板会笑得合不拢嘴，但是顺丰会推掉其中至少50万的单子。

因为一旦接单量超过250万，员工就很难在当天送完库存货物，最终导致爆仓事件发生。为了防止爆仓和因为业务增多造成服务质量下降的情况出现，王卫拒绝了部分利润庞大的订单，试图通过这种方式，将顺丰营业额的增长速度压到稳定范围内，甚至连摩托罗拉高利润的"肥"订单，王卫也拒绝了。

拒绝订单，这对于一个商人来说无疑是自断后路，然而王卫却自有打算。虽然大量的订单短期之内会带来巨额利润，但是过于粗放的经营方式却不利于服务质量的提升和品牌形象的树立。成功的创业者并不把利润最大化当成唯一的奋斗目标，这样只会让公司的发展之路越走越窄。

任正非曾经说过："华为公司不需要利润最大化，只需要将利润保持在一个较合理的尺度。那么我们追求什么呢？我们依靠点点滴滴、锲而不舍的艰苦追求，成为世界级领先企业，来为我们的顾客提供服务。"

追求利润是每个企业都不能忽视的目标，但企业不能只一味强调利润，领导者管理企业必然要平衡各种需要和目标，利润只是其中一个比较重要的目标，企业为了战略需要、长远发展，不能简单地把利润作为唯一目标。过度强调利润，就会使管理者盲目重视短期利益，为了今天的利润，不惜牺牲明天的生存。

一个不择手段获取利益的企业很难建立信誉，一个只重视眼前利益的管理者也很难取得大的成就。所以，管理学家德鲁克把一味强调赢利看成是管理中最愚蠢、最糟糕的办法。

很多企业家在刚开始创业的时候,把为众人服务作为企业的目标。譬如微软公司创始人比尔·盖茨,他在创业之初就已经把"让千万人都用得上电脑软件"作为目标;譬如沃尔玛创始人山姆·沃尔顿,他发誓要建立一种既便利又廉价的商业形态,他最终实现了这一理想;再如阿里巴巴集团主要创始人马云,他刚开始创业的使命就是"让天下没有难做的生意"。

做企业,既不能指望偶然的机遇,也不能完全靠利润来支撑。创业者只有多考虑未来的长远发展,才能逐渐将企业做大做强。

王卫曾经说过以下一席话:

顺丰是一家民营企业,我们做事不是为了向谁有个交代。但我们要对得起自己的良心,对自己有个交代。

我这一辈子做得最有意义和正确的一件事就是让顺丰成为一家有良知、负责任的民营企业。我们顺丰人,没有依靠政府的资助,没有坑蒙拐骗,而是老老实实、一步一个脚印地通过大家的共同努力走到现在。我的梦想就是,若干年后,顺丰成为民营企业成功的一个案例。

我们是一群坚持诚信价值观的顺丰人,我们不为短期利益出卖自己,我们是能够干成大事的。当我的人生走到终点,这将是我自己最大的满足。成败不重要,关键是要有一种精神,这种精神是大家都认可的,能把大家凝聚在一起的。我觉得,顺丰的企业文化正是源自这种正直、诚信、有责任心所体现出来的气质。我们要做堂堂正正的中国人!大家要真正认识我们的价值观,这种价值观是真正能支撑我们实现梦想的,从而理解企业在做什么,为什么这样做,并在理解的基础上行动起来。

价值观是整个顺丰的灵魂。没有明确的价值观，你就不能确立奖惩制度的方向。规章制度永远不能覆盖企业在发展过程中出现的所有问题，那么，在对待一些规章制度上没有明确的问题时，只能依靠价值观去判断对错。如果大家做任何事情的行为标准都是以价值观来衡量，我相信，你在顺丰是绝对没有问题的。2007年、2008年我们开始提炼顺丰的企业文化，其实就是提炼顺丰的价值观，价值观是企业文化的核心。

顺丰要想成为最值得依赖和最受尊敬的中国速运公司，就要表现出与其他企业的不同气质。我们所有的顺丰人，特别是高层管理人员，要有共同的梦想。对于创业者来说，虽然急需解决自己和员工的吃饭问题，但是仍然要有一种"做大事"的心态，而这种心态只有在正确价值观的指导下，才能为创业提供源源不断的动力。正确的企业价值观，产生的是双赢甚至是多赢的结果。企业和员工、客户，企业内部上下级之间的关系都处于一种良性互动中。而当一个企业上上下下的员工都能够达成共识的时候，才能形成合力，这样的企业才能够长久发展。

王卫拒绝一些"肥"订单的行为并不是看不到商机，而是让企业长远赢利的战略措施。在创业初期，创业者或许会把利润看得非常重，但是等到企业步入正轨的时候，就有必要考虑一下企业的未来发展，分析自身优势，树立品牌意识，适当地牺牲一些眼前利益，为企业的后续发展留足后劲。这样的"牺牲"能够换来企业的长期发展，何乐而不为呢？

7.用责任心保证顺丰的"龙头"地位

责任心一旦变成一种群体意识,形成气候,就会成为一种企业精神。

在顺丰速运公司中,要求每个员工在工作中都特别需要有责任心,特别是派件员。许多派件员即使在派件路上意外受伤,首先想到的也不是自己的伤势,而是能不能按时把快递送到客户手上。

一次顺丰的运货车在送件的途中意外翻车,负责派件的两名快递员伤势非常严重,可是当救护车赶来的时候,他们却拒绝离开现场。一直等到公司的救援人员前来接应,整理好快件,他们才肯上救护车。对于顺丰员工而言,责任已经成为他们义不容辞的使命了。王卫和其他老员工们把在创业初期就形成的责任心灌注到了企业文化中,从而保证了顺丰能够始终保持国内快递企业龙头的地位。

责任心会使人在作出决策时完全摒弃个人利益,一切从组织利益出发。换句话说,只有体现责任心,才能取得成就;没有责任心,终将一事无成。

许家印所领导的恒大集团,责任心促使全体员工不约而同地朝着一个方向使劲儿,努力把工作做到最好。许家印说:"我从来没有要求谁加班加点,也没有加班费,但晚上10点钟到写字楼里看,总有很多人在加班,他们知道身上的担子很重,公司发展很快,有很多工作要做。"在恒大,责任心已经成了敬业精神的一种体现,每个员工都明确自己的岗位职责,都自觉地为公司分担繁重的任务。

恒大连年创造惊人的业绩,这和其中每个人强烈的责任心是分不开的。

责任心会使人们产生巨大的精神力量,并对工作业绩产生决定性影响。创业者首先要对工作有责任心,才能感染并带动整个团队形成凝聚力,把事业做得漂亮。只要责任心不缺失,哪怕是再平凡的团队,也能创造奇迹。

美国钢铁大王安德鲁·卡内基年轻的时候,曾是铁路公司一名普普通通的电报员。某个周末,他正在值班,突然收到了一封紧急电报,电报上说,在附近的铁路上,有一列装满货物的火车出了轨道。这份电报要求卡内基的上司通知所有要经过这条线路的火车改道,以免发生撞车事故。因为是在周末,卡内基一连打了好几个电话,也没有找到主管此事的上司。而在这个时候,他又得到消息,有一辆载满乘客的列车即将驶到运货火车出轨地点。

眼看着时间一点一点地流失,情况越来越危急。无奈之下,卡内基作出了一个十分大胆的决定,他冒充主管此事的领导给相关的火车司机打了电话,要求他们改道或暂停运行。按照当时的公司规定,任何冒充上司擅自发布命令的行为,不仅要接受立即开除的处分,还有可能遭到起诉。

卡内基在向各个司机打完电话之后,长吁了一口气,十分平静地给上司写了一封信:"尊敬的领导:因为特殊情况,我冒充您给各个火车司机发布了改道或暂停运行的命令。我愿意接受处罚……"

卡内基将这封信放在了上司的桌上。

第二天,他没有去上班,哪儿也没去,他在家等着公司律师给他发起诉函。但是,他等到的却是上司的电话,上司在电话中命令他立即去办公室报到。卡内基来到上司的办公室,以为上司会狠狠地批评他,恰恰相反的是,上司竟当着他的面把那封信撕了个粉碎。上司微笑着对他说:"我刚接到通知,我被调到别的地方任职,我们决定让你来接替我的位置。"卡内基很惊讶。上司说:"我们这样决定不是因为你的业绩很出色,而是因为你在昨天作出了正确的决定,你是一个敢于负责的人。"

卡内基虽然擅自越级处理了这个紧急事件,本应受到处罚,但他却因为高度的责任心得到了提拔,可见责任心有多么重要。我们在职场中经常会看到这样一类人,他们有能力不假,但他们的能力运用是有前提条件的,对自己有好处、有利益的时候才用,否则就不用,能躲就躲,能推就推。这样的人在职场上,很难得到重用。而有责任心的人则不一样,即使开始能力差一点,但因为一心只想把事情做好,那么自然就会想尽办法学习和提升。最后,能力上去了,而境界也摆在那里,这样的人,发展的前景可想而知。

所以,责任心,任何时候都是职业化的灵魂。有了责任心,就不会找任何借口,只要是与工作有关的事,都是自己该尽力去做的事。甚至,责任心,还可以把不可能的事变成可能。

8.为何顺丰涨价没事

伴随着以淘宝交易平台为代表的电商模式高速发展，快递行业迎来了二次高峰，仅仅淘宝一家，每天的快递需求量就高达三四百万。面对如此巨大的利益蛋糕，"四通一达"率先抢占电商快递市场，先人一步赚得盆满钵满，一时间淘宝快递业务甚至占到了"四通一达"全部业务的70%左右。

王卫没有参与这场近乎疯狂的抢占行动，对于如此明显的商机，王卫不可能没有嗅到，但他有着自己的考虑。

在"四通一达"大快朵颐，享受电商快递带来的利润时，王卫也只是继续默默地做着自己的中高端快递市场，即使进入电商市场，也只是小剂量的试水行动。王卫的专注，让顺丰赢得了中高端快递市场的大部分份额，高质量的服务使人们接受了相对较高的快递价格，而且中高端市场的客户也的确对于价格不是很敏感。所以，虽然顺丰接单数量不及"四通一达"，但是由于平均单笔利润高于低端市场的电商快递，依然让顺丰稳坐民营快递企业龙头位置。

新《邮政法》的颁布，促使整个快递行业进行了一次大整合，大批中小型快递公司倒闭，民营快递企业中也有几家因此得以发展壮大，顺丰、宅急送和"四通一达"瓜分了主要的市场份额。不过这也让从未正面交锋的几个巨头不得不面临接下来的竞争，尤其是同在电商快递领域交锋的"四通一达"，以往作为缓冲地带的中小型快递企业已经几近消亡。

新《邮政法》还保障了快递人员的利益，要求快递企业必须为每个快递员购买保险等福利。由于顺丰一直做利润较高的中高端快递业务，这项规定对于顺丰来说并不是很大的问题。但是这项规定对于"四通一达"来说则是不小的压力，接单量巨大的"四通一达"需要大量劳动力，这也就在无意中形成了巨大的经济负担，圆通甚至在福州一带爆发过员工罢工要求购买保险的活动。此后顺丰和"四通一达"形成了两个截然不同的循环模式：顺丰因为企业利润较高，员工福利较好，员工普遍的工作态度要好一些，也为顾客提供了更加优质的服务；"四通一达"则是相反的恶性循环。

随着人力、燃油、土地等成本的增加，"四通一达"的经济负担越来越重，可是却完全找不到解决办法，唯一可行的办法就是提高快递价格，可"四通一达"谁也不敢尝试。原因很简单，"四通一达"同为电商领域的快递巨头，服务对象和服务质量几近相同，在同等服务质量的前提下，谁先涨价无异于给其他几家卖个破绽，那真是自取灭亡了。"四通一达"就像几只关在笼子里的老虎，各自蹲在一角，互相瞪眼看着对方的行动，饥肠辘辘却谁也不敢走到中央吃食物，怕前脚走，后脚自己的地盘就被瓜分了，只能硬着头皮顶着。

待到2009年的冬天，那年全国多地都遭遇了罕见的暴风雪袭击，南方地区的冻雨天气，更是让快递员难以快速完成货物派送，加之年底前，有大批快递员回乡过年，更是让快递业雪上加霜。受此影响，强如顺丰也感到有点坚持不住，顺丰宣布将在北京等局部地区小范围调高快递价格，以应对眼前的问题，不过由于中高端客户并不是特别在意价格问题，只要顺丰还能继续保持高质服务，恶劣天气里提高点价格也是人之常情。

"四通一达"也遭遇到了同样的问题，加之一直以来的经济压力，"四通一达"中除了汇通没有动作，其他"三通一达"再也忍耐不住，决定提高快递价格。很快，一拍即合的"三通一达"决定形成涨价联盟,利用对于电商快递领域的垄断地位,几乎同时进行了涨幅在5%~20%的提价。

可以想象,这次"三通一达"的联手提价行动遭到了卖家和客户的强烈抵制,广大电商卖家甚至在网上呼吁,全部放弃这四家快递企业,要知道还有其他很多选择,虽然价格稍微贵了一点。

王卫看准了这个时机,利用顺丰高品质服务的口碑,硬生生地从"三通一达"口中夺走了大量客户。"三通一达"眼看着即将会有大量客户流失,再也坚持不住,仅仅一周后,"三通一达"中的中通和韵达率先发出公告,恢复之前的价格不变,取消涨价。至此,"涨价联盟"土崩瓦解。

顺丰在此次为期一周的涨价闹剧中完全没有参与,王卫的冷静与克制不仅让顺丰从中获利,更给广大电商客户留下了好印象,这对于以后顺丰拓展电商快递业务有相当大的帮助,因为人们在做快递选择时情感因素也占有很重要的地位。

在"三通一达"涨价之前,顺丰也在局部地区进行了涨价,为何顺丰涨价没事,"三通一达"的联合涨价却是这样的结局?想来除了服务对象不同以外,涨价的操作手法也是很重要的一点。顺丰以在恶劣天气下保持同样的服务质量为由,进行了小范围内的价格调整,影响面不是很大。至于"三通一达"的涨价行动,则完完全全是一场闹剧,在当今社会各方面资源都涨价的年代,快递业涨价也有合理的一面,只不过"三通一达"不从提高自身服务质量着手,而是利用行业联盟优势,直接粗暴地宣布大额度涨价,强势逼迫客户接受高价格,这实在不是智者所为。

全程关注此次涨价浪潮的王卫,对于顺丰为何能够平安度过涨价风波说出了更深层次的原因:

"这和我们的目标管理有一定关系。我个人不喜欢做同质化服务,在一个市场里,我总希望有所不同。特别是,如果产品定位让零售价格更高些,企业就有更大能力投入扩大再生产,发展后劲就更足。但你要想让自己的零售价格高些,就得先在服务上有所不同,否则消费者是不会买账的。

因此,顺丰这几年一直坚持投入大量资金提高服务水平。比如,我们每年都要花费将近3亿元购买接近2000台运输车辆。另外,我们从10年前就想发展自有飞机,一架飞机的采购价格要上亿元,航空运输成本也很高,特别是现在油价贵了,一趟航班光运输成本可能就要十几万元,还不算飞机维护和机组人员培训的费用。此外,我们还投资研制了一套自动化分拣系统,目前已经试运行。这套系统一旦普及推广,95%的5公斤以下快件都将实现自动分拣,分拣速度和正确率都将大大提高,我们的寄递速度就可以更快。

另一个关键因素是这几年政府为我们营造了良好的发展环境。2008年新邮政法颁布实施,我们民营快递企业终于有了法律地位,国家明确支持民营快递企业发展,邮政管理部门给了我们很多指导和支持,这对民营企业发展帮助很大。"

第三章

顺丰崛起之谜：差异化战略"跑得快"

1.细分市场和客户需求

　　顺丰速运在国内快递市场中，始终是以领航者的姿态发展,通过对于行业的不断调研,快速地发展,让自己所推出的产品可以更加适应市场的需要。如今,顺丰速运已经成为了家喻户晓的品牌。而且,不仅仅是在传统的快递行业,顺丰近些年不断努力向快递以外的行业跨界发展,同样得到了人们的认可。

　　顺丰速运特惠服务得到了强烈的市场认同。顺丰特惠就是针对这部分消费者,推出配送时间相对较慢的服务,配送价格却大大降低。更优惠的配送价格,让顺丰速运可以赢得更多的市场。顺丰特惠是针对客户非紧急物品寄递需求推出的经济型快件服务,价格更优惠,时效比顺丰标快慢1天以上,同时可满足客户更为广泛的托寄物需求。对比顺丰标快,顺丰特惠首重优惠4~6元,续重低至5~7折。

物流过程全程可追踪让顺丰速运的配送过程更加透明化,顺丰速运系统在追踪上,客户在致电下单之后,顺丰的收派员的手机和HHT(手持终端)掌上电脑终端都会收到一条发件短信。收派员会按照短信上的内容和客户联系上门收件。自收到短信的那一刻起,他必须在一个小时内把此票快件收回,否则就会造成"逾限"。在派件过程中,收派员收到点部管理人出仓后的快件时,必须把这些快件在2小时内派送完毕,否则也会造成"逾限"。

对于企业而言,对市场进行细分,对客户需求进行细分,找到市场差异化,专攻一处,和竞争对手拉开差距的几率就会更大,从而为自己赢得发展空间。

所谓市场细分,就是营销者通过市场调研,依据消费者的需要和欲望、购买行为和购买习惯等方面的差异,把某一产品的市场整体划分为若干消费者群的市场分类过程。每一个消费者群就是一个细分市场,每一个细分市场都是具有类似需求倾向的消费者构成的群体。

王卫在创业之初就将这种市场细分战略运用到顺丰快递的工作中。2002年,快递就像是春天树上刚吐露的新芽,还很稚嫩,所以各公司在运营模式上都是相互模仿。因为没有什么模式可以遵循,于是大家只要有快件就收。王卫对这方面的思考就显得颇为成熟,他研究市场情况和客户需求,并进行细分。中国国内的高端市场是四大国际快递的地盘,低端的同城速递不在考虑范围内,王卫选择中端客户群作为自己的业务范围。

锁定了目标群体，王卫又制定出相应的服务项目和价格。快递业务上，只接手商业文件和小件物品的派送，对于体积大、重量高的大件物品，一单超过5000元的则不予理会。至于价格，一公斤20元，差不多是其他快递公司的一倍还多。

顺丰速运针对不同的客户也细分了服务项目，基本服务是指下单、快件跟踪、理赔、投诉、建议和需求、网络以及短信服务；增值服务是指日常管理、物料直接配送、电子账单、客户自助服务、电子专刊、业务主动推荐以及积分主动兑换服务；专享服务是指分支机构集中付款、国内第三方支付、指定时间收派、赠送打印设备、绿色服务通道以及服务流程简化等。

随着业务的扩展，王卫将这种客户再次划分进行了调整。以现有的客户为基础，排名在前4%的为大客户，包括项目客户和VIP(贵宾)客户；排名在大客户后面15%的为中端客户；中端客户之后的80%为普通客户；剩余的为流动客户。针对不同的客户群体，王卫制定了不同的服务，服务质量保证不打折，只是在营销策略和服务项目数量上有区别。

一直到现在，王卫依然坚持这样的市场定位，以借此拉开自己与别的快递公司的距离。凭借着精确的定位和明显的差异化，2010年顺丰赚到了130亿元的利润，占快递市场份额的18%，仅次于国有快递邮政特快专递服务(EMS)。对市场需求进行精准细分是顺丰能够从众多的快递公司中脱颖而出的获胜之道。

我们再来看另一个成功企业——华为的故事。

我们通常总结华为创业成功就是"以农村包围城市"，这正是华为早期的细分市场策略。华为进入通信市场的时候，中国的电信市场非常广阔，用户的需求多种多样，繁杂无比，但竞争也比较激烈，尤其面对强大的国外和合资品牌厂商。华为作为市场后入者和挑战者，不可能在市话市场上与强大对手硬碰硬，所以华为选择了对手的薄弱环节——农话市场作为突破口。这时华为细分市场的依据是"地理差异"，同时也包含了"需求差异"。

随着华为实力的增强，华为以接入网逐步切入市话市场，面对竞争对手的远端接入模块，它细分市场的依据是"标准差异"，即强调"V5接口有利于建立灵活而相对独立于各制造厂商的接入网体系"，从而赢得崇拜这一技术的用户需求。

当华为以接入服务器进入数据通信产品市场时，它细分市场的依据是"需求差异"，即根据自身对中国电信网络的了解，满足国内运营商对适合国情的接入服务器的需求。

当华为提出"宽带城域网"概念时，它细分市场的依据则是"地理差异""需求差异""心理差异"综合考虑的结果。宽带城域网能顺应城市信息化的发展趋势，能满足运营商网络改造的需求，能迎合国内运营商因担心国外运营商竞争而"先下手为强"的防御心理。

可见，华为的业务（产品和营销）策略，始终是在市场细分的基础上进行的。

尽管各家企业有不同的细分市场方式，但也存在共性的地方，而这些共性的方面正是值得企业思考和借鉴的。

首先，细分市场是以机会为出发点的。企业需要考虑，这个市场上有哪些机会？哪些客户群的需求没有得到满足？是否存在新的客户群？哪些客户群是竞争对手服务不好的？华为进入强手如林的通信市场，经过细分机会分析，显然农话市场是它赖以生存和发展的基础。

其次,要深入分析和理解客户的需求差异,而不是停留在表面特征划分上。很多企业往往只是按照行业、地域、规模、年龄、性别等显性特征细分市场,这样的细分有作用,但是一般缺乏针对性的指导意义。高质量的细分需要在对市场和客户需求充分调研的基础上,对客户需求的各种差异反复分析和理解,直到找到能充分区分需求差异又与自身能力相匹配的细分维度。苹果对于平板电脑市场没有按照年龄、收入水平等维度细分,而是根据用途差异(信息消费和信息制造)来细分,这也与苹果一贯在界面、速度响应等方面的优势是匹配的。

再次,企业在细分市场和选择目标市场时需要聚焦。这主要是因为企业的资源是有限的,尤其对于创业和成长期的企业。例如宇龙进入手机市场后聚焦于中国联通双模双待手机市场,三星进入中国市场后聚焦于"北上广"三个特大城市,都是非常有效的市场策略。

2."限时"战略是快递市场细分的关键

联邦快递在30年前的发展实践证明,"限时"战略是进行快递市场细分的关键。在国内的快递市场中,也渐渐开始出现这样的情况。在快递公司承诺的"差不多会送到"和"一定会送到"的服务中,大多数客户更愿意选择承诺"一定会送到"的快递公司,即便要为此付出相对较高的代价。

一件快件的送达要有4个步骤:揽件—干线运输—分拨—终端

配送。要做好"限时"服务,飞机在其中发挥着不可替代的作用。因为飞机与汽车在干线运输环节的时间差,可能只有几个小时或者十几个小时,但是由于蝴蝶效应,真正送到客户手里可能就会相差一天。

于是,在许多快递公司仍在运用公路运输进行竞争的时候,顺丰速运已经建立起了自己独有的运营模式,成功运用飞机送快递,实现"一定会送到"的服务承诺,为自己在竞争中赢得了优势。

2003年发生了人人谈之色变的"非典",许多人为了免遭病毒的侵袭,选择了足不出户进行网络购物。一些在城市中打拼的年轻白领,除了在网上购买书籍和日常生活用品之外,也开始在网上购买电子产品之类的高消费品。

为了使网络购物更加安全,许多人更倾向于选择可靠性比较高的快递服务,即使价格要高于同行业的一倍,他们也不在意。这样一来,与网购密切相关的快递服务就得到了高速发展。

而在当时,顺丰已经完成了对加盟网点的股权收回,实现了网点的直营管理。同时,顺丰在服务质量和可靠性上,也明显高于其他快递公司。在一些主要城市,顺丰速运承诺两天之内一定会送达,而它也确实做到了。而一般的快递公司却连3天送达都做不到。另外,顺丰在快件丢失率和破损率上也远远低于其他公司。

就这样,顺丰凭借资源和能力的重新构建,获得并把握了整个高端市场。在网购一族中,也出现了一批顺丰的忠实粉丝。比如在淘宝等网购网站上,卖家在为买家提供的快递服务中,会有这样的说明:"快递15元,顺丰25元。"这种明显的区分就已经显示出顺丰速运相对其他快递公司所具有的优势。

在高端市场开始启动的同时,顺丰又抓住机会进行了新一轮的资源和能力的建构。在"非典"期间,通过航空运送物品的成本降到了最低。于是，顺丰抓住时机，成为国内第一家租用飞机的快递公司，开启了在飞机干线上运送快递的旅程。顺丰做出这个决定的初衷，仅仅是由于随着货运量的增加，他们对成本进行核算的时候发现，通过飞机运送快件的单价成本已经与公路运输的成本相差无几，所以他们就大胆采用了飞机的运送模式。

"非典"之后，市场细分进一步被强化。顺丰速运这才意识到，由联邦快递创立的"飞机快递"正是使它在细分市场中赢得优势的重要方式。于是，顺丰速运便利用飞机快递这一方式，在一线城市推出了"准限时服务"战略。他们大胆地承诺客户，一般快件会在48小时之内送达，加急件可以在24小时之内送达。

在其后的几年间，随着社会经济的不断发展，消费者的消费能力持续提升，快递行业的竞争越来越激烈，原来追求低端服务的客户群也开始要求服务质量的提升。之前对时间和可靠性要求不高的快件，也开始向更快和可靠性更强的方向转变。随着快递行业在高中端市场的扩大，顺丰速运不仅在高端市场占据高地，也开始占据原本由低端快递公司占有的市场份额。

就这样，顺丰速运抓住这两次机遇实现了飞速发展。2003年，顺丰一年的营业额仅仅是当时的宅急送和申通年营业额的总和。到了2012年，数据显示顺丰营业额逾200亿元人民币，并已经开始引领中国的快递市场。

3.差异化营销,获得持久竞争优势

对于国内民营快递公司顺丰速运的成功,有许多值得同行借鉴的成功经验。在这其中,差异化营销策略,可以说是顺丰的成功之本。

在快递行业,一直都有"南顺丰、北宅急送"一说。作为南方市场的老大,顺丰在立足广东省的同时,逐渐将触角伸向香港直至全国,并逐步在韩国、新加坡、马来西亚、日本等国开花结果。

顺丰速运是国内首家以直营模式拓展网点的快递企业,如今仍然坚持着其独特的核心模式。而正是模式上的创新,使顺丰速运最近两年快递行业重新洗牌、众多以加盟模式运营的快递企业纷纷倒下的情况下,获得逆势成长。

作为国内最大民营快递公司,顺丰2010年的销售额为130亿元,拥有8万名员工、18架货运飞机。同基本都是网购订单的"四通一达"(申通、圆通、中通、汇通和韵达)相比,顺丰的收入是他们的好几倍,但其电子商务包裹,却只占整体业务量的8%。这是因为,顺丰的业务模式和布局特点是典型的市场导向,哪里业务多,顺丰的快递员就会在哪里出现;哪类业务更赚钱,就大力气做哪一类。而服务的标准化核心因素是速度和安全,物品越庞杂,越不符合顺丰对标准化的要求。

顺丰是国内第一家购买专机展开快递业务的快递企业,截至目前,已经建立起了400余条航线的强大航空资源以及庞大的地面运输网络。2011年11月,继开通韩国、新加坡、马来西亚等国外快递业务后,顺丰开通了大陆到日本的快递服务。

在互联网技术应用方面,顺丰也是首屈一指。手持终端设备和移动数据技术等先进的信息监控系统,全程监控快件运送过程,保证快件准时、安全送达。

顺丰的呼叫中心也是业内值得称道的,它采用CTI综合信息服务系统。客户可以通过呼叫中心快速实现人工、自助式下单、快件查询等功能。另外,顺丰还开通了网上自助服务,客户可以随时登录顺丰网站享受网上自助下单和查询服务。为进一步提升服务质量,顺丰还采用了寄方支付、到方支付、第三方支付、现金结算、月度结算、转账结算、支票结算等灵活的支付结算方式。

随着快递行业发展,传统的服务方式逐渐趋于同质化,顺丰推出了多项差异化服务来强化自身优势。例如,365天全天候服务,延长收取快件时间,等等。自2009年7月1日起,顺丰在北京市、天津市以及山东省、江浙沪和广东省服务地区推出了夜晚收件服务。在完成基本业务的同时,顺丰还提供代收货款、保价、等通知派送、签回单、代付出/入仓费、限时派送、委托收件、短信通知、免费纸箱供应等多项增值服务。

王卫在顺丰内部讲话中肯定了当初差异化战略的成功,并亲自向外界道出了他具体是如何实施这一战略的。

王卫说道:"顺丰能够走到今天,有一些和其他快递不一样的地方,那就是差异化的竞争策略。我们所提供的快递服务和自身的市场定位,与其他快递公司是不太一样的,并且我们能够让消费者很清楚地知道,顺丰所提供的服务和其他快递有什么不同。成功定位是一家公司能够取得成功的重要因素之一,而在快递行业,赢得口碑和市场满意度是相当重要的。

根据我们的定位，接下来首先要做的就是资源性投入。一直以来，在信息科技、营运工具、场地设施和人力资源等各个方面，顺丰的投入都是不懈余力的。比如我们2003年开始包机，2009年成立自己的航空公司，这都是国内民营快递的首次尝试。同时，我们也是国内率先试用把枪的公司。还有，在人力及人员培训方面，我们都是大手笔地投入……到今天看来，这些投入都是很及时也是很有必要的。

顺丰一直以来都很愿意跟员工分享公司的经营成果。我们在1997年开始推广收派员计提制，这十几年下来，对公司的业务发展起到了很大的推动作用，利益分享是顺丰成功的又一个重要因素。

顺丰对内的制度原则性很强，我们对一个管理上失职的人和事从不回避，积极地将问题找出来，把责任追究到人，这让员工看到了公司对公理、正义的坚持，进而凝聚了人心。

顺丰建立了一整套透明、公平的晋升机制。当然，这么大的公司，这么多的员工，让每个人都感受到绝对公平是不太现实的，我们所能做的就是营造公平的机制，在这个机制里面做到一视同仁。我自问这一点顺丰是可以做到的。"

从顺丰细分市场的差异化战略能够看出，企业如果能够先于竞争对手捕捉到有价值的细分新方法，通常就可以抢先获得持久的竞争优势，就可以比竞争对手更好地适应消费者真实的需求。

对于任何的企业来说都一样，只有明确了自己的战场，并且对自己的战场进行明确的细分，对于不同的消费者提供差异化的、更优于其消费需求的服务，才能得到市场的认可。由于企业在资源有限的情况下，只能有选择地去经营。因此，差异化定位战略更显得尤为重要了。

4.藏在失败背后的成功

失败在一般人看来或许是个灾难,但是对于成功的创业者来说却是一笔财富。

2010年,王卫借由卖粽子发现了物流业背后的商机,之后便成立了"E商圈"。不到一年,"E商圈"慢慢淡出公众视线,几乎销声匿迹。尽管"E商圈"出师不利,但王卫并不想就此打住。2011年年底,顺丰速运通过王卫控股的公司取得第三方支付牌照——顺丰宝。三个月后,顺丰推出了高端电子商务平台——"尊礼会"。

"尊礼会"的受众主要集中在中高端商务人士身上。它提供的产品主要以工艺摆件、保健品、茶烟酒、非物质文化遗产等高端礼品为主。用户可以采用网银、网点积分和顺丰宝三种方式支付货款。然而,"尊礼会"同它的前身"E商圈"的命运一样,很快就夭折了。从"E商圈"到"尊礼会",顺丰遵循的均是"粽子"路线,即从礼品市场入手,利用配送优势和线上线下模式强化竞争力。

然而,这两个项目最后可以说是无疾而终。虽然,顺丰在快递行业是绝对的霸主,但在电商领域却遭受了连续的打击。接连的失败虽然让顺丰遭遇亏损,但是对于王卫来说,这正是找准自己定位和核心竞争力的良好契机。

其实,面对失败不需要沮丧,从来不失败才是异常。在失败降临时,是反败为胜还是一错再错,关键就在于是否能从失败中吸取经验教训。杰出的创业者,绝不会因为失败而怀忧丧志,而是回过头来分析、检讨、改正,并从中发掘重生的契机,这就是失败带给他们的价值。

2012年6月1日,"顺丰优选"上线,"优选"定位为全球美食网购商城,主营进口食品。王卫曾经对顺丰的内部员工如是说:"顺丰优选是一个不能失败的项目。"然而王卫对优选的期待并没有让优选的成长变得一帆风顺。

事实上,含着金钥匙出生的优选在上线初期的运营状况并不理想,并没有取得预期的成绩。与此同时,其他快递同行的电商之路也是磕磕绊绊。除了中国邮政与TOM集团联合打造的"邮乐网"运营良好之外,像E购宅急送、申通的"爱买超网"、中铁快运商城等均是惨淡经营,陷入进退两难的困境。面对这种情况,向来危机意识过人的王卫,对于优选似乎早有规划。从2012年10月的换帅风波中可以察觉出一些端倪。

优选前CEO刘淼在位不到六个月就退位了,他曾坦言:"凭借顺丰的品牌,成绩至少不是现在的样子。"优选的重任落在了顺丰集团副总裁李东起肩上。换帅之后的优选有所起色,三周内网站流量涨幅接近100%,相比之下,其他同类网站的流量下滑30%左右。然而优选离成功还有很大的距离,因为电子商务不是网络直销,流量多,并不代表卖出的产品多;卖出的产品多,并不代表电商企业就能赢利。

虽然问题重重,但是优选也不失时机。一方面,顺丰在人力资源管理方面做得还是比较优秀的,这对建立良好的优选信用链是一种支撑。另一方面,顺丰可以同有经验的电商巨头强强联合,比如说可以同京东商城加强合作,互相利用各自的物流体系,进一步完善供应链。

我们谁都不愿意失败，因为失败意味着以前的努力将付诸东流，意味着一次机会的丧失。不过，一生平顺，没遇到失败的人，恐怕是少之又少。许多人都经历过因遭遇失败而垂头丧气的情况，然而，若从不同的角度来看，失败其实是一种必要的过程，同时也是一种必要的投资。如数学家习惯称失败为"或然率"，科学家则称之为"实验"。如果没有前面一次又一次的"失败"，哪里有后面所谓的"成功"？

全世界著名的快递公司敦豪DHL创办人之一的李奇先生，对曾经有过失败经历的员工则是情有独钟。每次李奇在面试时，必定会先问对方过去是否有过失败的经历，如果对方回答"不曾失败过"，李奇则会认为对方不是在说谎，就是不愿意冒险尝试挑战。李奇曾说过："失败是人之常情，而且我深信它是成功的一部分，有很多的成功都是由于失败的累积而产生的。"

李奇深信，人不犯点错，就永远不会有机会，从错误中学到的东西，远比在成功中学到的多得多。

另一家被誉为全美最有革新精神的3M公司，也非常赞成并鼓励员工冒险，只要有任何新的创意都可以尝试，即使在尝试后是失败的。每次失败的发生率是预料中的60%，3M公司仍视此为员工不断尝试与学习的最佳机会。

3M坚持的理由很简单，失败可以帮助人再思考、再判断与重新修正计划，而且经验显示，通常重新检讨过的意见会比原来的更好。

美国人做过一个有趣的调查，调查发现大部分的企业家都曾有过破产的记录。即使是世界顶尖的一流选手，失败的次数毫不比成功的次数"逊色"。例如，著名的全垒打王贝比路斯，同时也是被三振最多的纪录保持人。

只有当创业者在失败中获得宝贵教训,并且真正作出改变的时候,才能够成熟、收获。而那些失败和挫折,也都将成为他生命中的无价之宝。

"相信五年之内一定会有一些亮点"在创业过程中,王卫一直都把国际四大快递公司[联邦快递(FedEx)、美国联合包裹(UPS)、德国敦豪(DHL)、荷兰天地快运(TNT)]作为自己努力学习的榜样。

5.专注比什么都重要

随着人们消费水平的提高,越来越多的人渴望享受更高水平的服务。因此服务更可靠、速度更迅捷的顺丰越来越受青睐,很多低端市场中的客户也被吸引过来。虽说在淘宝上购物,寄其他快递可以包邮,寄顺丰就要加邮费,但顺丰在网购中还是不乏众多粉丝。随着网购的火爆,"四通一达"五家快递公司的淘宝件业务占到自己公司业务的绝大部分,而顺丰的淘宝件业务只是自己业务的十分之一。其他快递公司确实都靠网购的火爆大赚了一笔,王卫能否保证自己的业务不为网购所冲击,顺利度过被网购引领的快递之风呢?

是否进军淘宝行业是摆在王卫面前的一个难题。

第一,公司的快件业务向网购发展就意味着要放下中高端市场的定位,转向低端市场。低端市场最典型的竞争方式就是打价格战,谁在价格上更低,谁就更有优势,从这一点讲顺丰未必能在低端市场分得一杯羹。

第二,顺丰在开辟中高端市场时投资不小,放弃之前打下的一片天地是不是合算呢?

第三,2011年1月,阿里巴巴公司的"物流合作伙伴发展大会"在北京举行,马云宣布了大物流战略,也就是将来有一天他会拥有自己的物流系统,正如凡客诚品等这些企业一样,不再需要专业物流公司的参与。对王卫来说,此时放弃原来的市场而参与到不知道哪天就消失的市场里,岂不是得不偿失?

为了增强与"四通一达"的竞争力,王卫在综合考虑了这些方面因素之后,决定继续坚持原有的市场定位,但是会在战略上发生一些转型,比如不再是单一地只寄送快递业务,而是逐渐向综合物流方向发展。

再来看看当初一起创业的"快递兄弟们",宅急送在发展战略上作出调整,结果转型失败;"四通一达"则一直做得不温不火。即使"四通一达"现在开始模仿和追击,也难以超越顺丰。纵观顺丰的发展,重点就在于王卫能够在关键的时候为公司制定合适的发展战略,而专注则是始终贯穿其中的不二法则。

在媒体眼中,王卫仿佛是一个谜一般的人。他在乎的不是金钱,亦不是出镜,而是一种真正的专注,专注物流,别无旁骛。

另一位企业家潘石屹也有着类似的经历和心路。

潘石屹在创业初期,唯一的想法就是将企业做大。1992年刚开始做房地产的时候,他很欣赏美国模式。看到麦当劳卖汉堡包、可口可乐都能做进世界500强,潘石屹也希望按照美国的这种发展模式做一家大公司。但1995年的巴林银行倒闭让他意识到,公司大有大的好处，但大也有大的风险。一家有几百年历史的银行，顷刻之间就被一个20多岁的小青年搞垮了。

此后，潘石屹开始反思这种大公司模式。

万通集团董事局主席冯仑曾这样形容过一些公司的快速扩张："很多突飞猛进的公司属于青春期的公司，青春期最大的特点就是以大为目标，而不知人间的生活困难。就像北京的土话：背着手撒尿，不服。都是为了大而做大。包括此前上市未成功的一家公司，头一年卖了不到100亿元，接着一下子想超过万科，这就像小孩看大人结婚，不知道那里面有多少故事，完全是自己想象。"

对此潘石屹也有自己的看法，他说："我在西北农村生活了14年，这段经历是我的宝贵财富。西北的冬小麦是在秋天播种，如果这年秋天里冬小麦长得特别旺，农民就让牛吃、让小孩踩，不要它长得太旺。因为如果长得太旺，经过一个冬天就会冻死。以此类推，增长速度太快，超过自己能力，这些企业就可能面临同样的灭顶之灾。民营企业的增长一定要量力而行。"

对于快速扩张的企业，潘石屹曾借用圣雄甘地的一句名言来说明："地球上提供给我们的物质财富足以满足每个人的需求，但不足以满足每个人的贪欲。"

十余年来，他亲眼目睹了中国建筑界的好大喜功，宽马路、大广场、亚洲最高楼，等等。对于快速扩张的企业，他说自己真正想做的是"小公司"。我们的年营业额是40亿元，但我仍时时刻刻把SOHO中国看作是一个小公司，最关键是要有小公司意识。如果天天想着你是一个大公司，内部低效率就把公司创造力削弱了。

在大物流时代，同行们都想尽办法增加订单，抢占市场份额，而王卫却按兵不动。外界许多人质疑王卫在撒"烟雾"，但王卫却认为，目前的顺丰业务足够他去发展,依然还有很多可以提升的地方。正所谓"贪多嚼不烂,贵精不贵多"。把快递业务作为主营业务,踏实做好这一项业务,完全可以做到最出色,完全可以赢得人们的信赖。成功的创业者懂得自制,他们清楚地明白自身的实力,不会因为一时头脑发热就扩大规模,而是先专注把眼下的事做好,一步一个脚印地让自己的企业稳步发展。

王卫曾经坦言:"同样画画,有人一辈子为画匠,有人却是画家。"毫无疑问,画匠只不过是"照葫芦画瓢",完成工作;而画家则会全身心投入其中,将画画到最好。王卫要做的不仅仅是一名将21万名快递员穿插在无序物流线条中的画匠,更是一名拥有独到战略眼光,冷静出击的画家。他希望能把顺丰做到极致,他的身上有一种要做就做到最好的劲头。

6.一定要比别人"跑得快"

曾经有人用"军队"来比喻中国快递行业的格局,其中中国邮政和顺丰属于正规军,"四通一达"被叫作"军阀"部队,宅急送和其他一些不知名的小快递公司被称为"游击队"。

1993年,快递业异军突起,其中有三个后来成为快递行业的主力军,分别是宅急送、申通和顺丰。创业之初,宅急送为了有业务不至于亏本,送过牛奶和鲜花,还接一些搬家送货的活儿;申通创办之初是搞货运的,在上海和杭州之间来回穿梭;至于顺丰,王卫那个时候每天都背着包亲自送快件。

从消费者的角度来看，考量一家快递公司是不是合心意，一般有四个标准：快递费用、运送速度、服务态度和派送范围。从快递费用上来看，顺丰并不占优势，因为王卫锁定的是中高端客户人群。但是贵有贵的道理，高资费对应的是高水平的服务。他为顺丰制定了统一的服务标准，在其他快递公司还不能保证三天内能送到的时候，顺丰快件两天内就可寄到，真正做到了"快"。不但速度上占有优势，顺丰的快件损坏和丢失情况都要比别的快递公司好很多。凭借着出色的服务，王卫带领顺丰迅速地将中高端市场拿下。

至于服务态度，每个顺丰快递员在上岗之前都要进行一系列的培训，考核合格才能上岗。快递员的服务状况由客户的投诉情况来衡量。王卫还规定员工的工资直接与送件的数量相挂钩，所以曾有顺丰员工在送快递的路上跌倒了，爬起来继续奔跑的事情广为流传。

2003年，"非典"席卷中国，外面变得空空荡荡，人们都躲在家里上网，网购成为那时最火的事情。快递市场迎来了它的春天，顺丰货物量激增。王卫这时发现，当货物达到一定数量后，用飞机和用汽车在运送成本上相差很小，既然这样，为何不采用速度更快的飞机运输呢？加上"非典"的影响，空中运输价格跌入低谷，王卫顺势与航空公司签下了租赁合约。

自从用飞机为快件护航，顺丰的速度更快了，随之王卫又推出了限时服务。当别的公司含含糊糊地说"差不多三天能到吧"的时候，顺丰承诺"48小时一定送达，加急快件24小时一定到"。在稳稳地笼络住原有客户的心的同时，顺丰的中高端市场不断扩大。

有位台湾教授曾说过这样一句话："进入21世纪，关键的不再是企业重组,而是与企业生存发展息息相关的——速度。我们清楚地看到一个能继续生存,且基业长青、胜人一筹的赢家,就是要靠速度。因为,速度第一。"

在市场竞争过程中赢家经常是那些尽快满足顾客需求的企业。达美乐比萨饼店就是最明显的例子,该连锁企业的创业者摩纳翰就是要努力成为时间竞争的赢家。他不但提供比萨饼送家服务,还保证配送的速度,并保证如果配送时间超过30分钟则退还3美元。光是这项保证,速度加上便利就胜过了品质,这成为达美乐比萨店的事业柱石。当别的比萨店还在绞尽脑汁想着达美乐如何做到如此迅速的配送时,它已经在顾客心目中留下了深刻的印象。结果20世纪80年代初期还名不见经传的默默无闻的达美乐比萨连锁店,今天已纵身一跃,成为全美第二大比萨连锁店。

现代管理学之父德鲁克,在《有效的管理者》一书中,曾经对时间做了经典性的描述,"时间是世界上最稀缺的资源,时间没有任何替代品,时间也没有任何弹性。"进入21世纪,时间在人们的社会经济生活中,扮演着越来越重要的角色,时间就是金钱,效率就是生命。如果企业想替顾客节约时间,速度便成为一个极具竞争力的优势。因为,顾客会对重视他们时间的企业产生感激之情,速度成了顾客决定是否光顾的重要因素。可以说,21世纪竞争力的主轴是达到最终顾客的速度。

有一天,电视台正在播放一段采访,采访的对象是一位世界百米赛跑冠军。主持人问他:"你如何能一开跑就把其他的对手甩在后面?"那位冠军回答:"没有啊!我都没有看到其他选手,我只看到前面有一条白线,我只想到要在最短的时间内跑到那里去。"

市场竞争如同体育竞技,企业如果只和竞争对手比较,根据竞争对手的行为而设计自己的竞争行为,就会变成市场的追随者,跟着一流企业亦步亦趋。一个成功的企业,在市场竞争过程中应该能够自始至终看到最终顾客。

在快递市场竞争日益激烈的今天,速度永远是企业制胜的决定性因素。

对于任何一家快递企业来说,要想在市场竞争中争取到更多的市场份额,都必须要将"速度、便捷、时效性"放在首要战略位置。

在国内快递速度排行榜上,顺丰速运从来都是当仁不让的龙头,是国内首家做到"今日收,明天到"的快递企业,堪称神速!而顺丰"方便、快捷、高效"的背后,实际上是顺丰硬实力的彰显:

截至2014年,顺丰集团旗下拥有34架全货机(其中15架是自有飞机,19架是租用飞机),400余条航线,5000多个营业网点,150余个一二级中转场,10000多台营运车辆。

庞大的物流网络体系,是顺丰速运"以快制胜"、占领市场先机、赢得消费者信赖和喜爱的重要支撑。作为一家快递企业,顺丰速运很早就已经意识到,对于物流快递行业来说,唯有"快速、高效"才能实现较高的利润。然而,倘若缺乏高效快捷的交通设备,那么,消费者就无法享受到"今天收,明天到"的服务体验。因此,顺丰速运不惜斥巨资购买飞机,开辟了航空货运的先河。

随着市场份额的不断扩张,顺丰在2010年成立了自己的航空公司,拥有了自己的专运货机。此后,顺丰陆续购买了15架自由飞机,无论是从配货的机动性、灵活性,还是从送货的时效性来看,顺丰在众多快递企业当中都具有无与伦比的竞争优势。利用自身强大的空运能力，顺丰的快递业务呈现出井喷式发展，在产业链上完全占据了主动权。

就顺丰的配货速度而言，"三通一达"是难以望其项背的。而提供高质安全的运输服务，也是消费者信赖和认可顺丰的一个重要原因。

顺丰快递的安全性能高，主要体现在以下几个方面：

第一，顺丰拥有庞大的、全自营的运输网络，快递人员都是通过严格的技能培训才能上岗，因而，能够确保给消费者提供优质安全的运输服务；

第二，在服务方式上，顺丰实行"门到门服务、手对手交接"的服务策略，如果贵重物品发快递，顺丰方面会派驻专人上门验货取件；

第三，为保障给用户提供安全的运输服务，顺丰在新版的APP应用中添加了"收派员信息核实"功能。这也就意味着，消费者在通过APP下订单时，顺丰APP会提前向用户推送快递员的身份信息，包括快递员的姓名、照片、工号、服务点地图等。用户在收发快件的时候，可根据APP推送的信息对快递员的身份进行核实和确认，以防不法分子假冒快递员进行欺诈。

一个小小的细节，就体现出顺丰对快递服务安全性的重视，同时也给客户提供了更贴心、更可靠的服务。

在经济高速发展的今天，企业竞争的重点不是看谁的技术发展更优良，而是看谁能最先争取到最终顾客，顺利地实现由商品资本向货币资本的转化。只要顾客购买了某个企业的产品和服务，这个企业就成功了。

7.坚持只做小型快递

王卫在创业过程中,始终把联邦快递当作自己的榜样。他发现联邦快递刚开始的时候并不是无所不包,他们的业务是有条件的,只重点发展小包裹业务,运送血浆、器官、药品以及重要文件等这些需要速度的东西,辐射范围也只有美国5个离得比较近的城市。

由于对市场有选择性,联邦快递在一开始就建立了自己的服务优势,积累了声誉,为后面的发展奠定了坚实的基础。这一点对于王卫的启示是什么呢?当别的快递公司有件就收的时候,王卫却是有选择性的。

他首先细分市场,定位中高端。之后,对包裹的重量有限制。由于寄大件不是自己的强项,所以王卫拒绝了摩托罗拉公司的物流邀约。市场和服务明确了,就能制定统一标准的价格。正是因为王卫把坚持做小型快递当作明确的定位,才能在别的快递公司一团糟的时候保持专业的标准和比较好的优势,才能把顺丰从几个区域做到全国范围,一路突飞猛进发展壮大。

大多数企业家在企业达到一定规模后,都可能会因为成功而产生一种多元化情结:既然在这个行业我是成功者,在另一个行业有什么不可以的呢?然而真正成功的创业者一定对企业有着清晰的定位。

新东方教育集团创始人俞敏洪在创业的时候,对企业的定位也非常明确。他说:"新东方自始至终都没有离开过'教育'两个字,也从来没有离开过教育这个行业,我想在未来可见的时间里也不会离开。"

2006年,新东方赴美上市,初股价是15美元,3个月之后上升到45美元。有些员工和股东很快就抛出套现,但俞敏洪从未卖出股票。即使是在自己的声誉和新东方的财务受到质疑的危机时刻,俞敏洪仍旧增加持有。这一点难能可贵,当然也可以说是俞敏洪坚持以教育为根本的战略的体现。在俞敏洪看来,他和新东方的资源和精力都是有限的,只有把精力倾注在一件事情上,才能做深、做透、做长、做久。俞敏洪将新东方的成功归结为一种坚持和专注的完美主义的结合。

大多数时候,企业家们可能只是看到拆分本身的好处,总是对损失更加敏感,把风险的可能和可能的风险混为一谈。分拆业务直接变成了新上项目,投资分散化变成了乱铺摊子,管理分权变成了管理松懈。这通常都是因为新增的东西会带来收入的正能量,减少则是损失。只有极少数企业家,比如那些具有完美主义倾向、专注的人,才可能避免这种危险。俞敏洪、巴菲特等都属于长期盯住某一行业的成功者。他们很少考虑多元化,除去避免精力和资源分散,很大程度上也等于给自己减少了损失的可能。其实,能够减少冒险的损失,也就等于增加了收入和成功的概率。

腾讯十几年都在做,而且只做完善和规范QQ服务的工作,是国内唯一专注从事网络即时通信的公司。腾讯的成功并非偶然。腾讯首席执行官马化腾认为,腾讯的产品质量,是保证腾讯成功的一个重要原因。而保证产品质量的方法很简单,专注地做自己擅长的事情。在他看来，专注并不代表硬着头皮撞南墙，而是"在前进的过程中，发现机会就要立刻把握它，要有敏锐的市场感觉，这种变化给过我们压力，却也是我们成功的契机"。

在腾讯内部，一个项目从构思到推出，需要很长时间，比如电子商务，构思很早，但往往要搁置一两年后才正式推出。因为资源有限，一个阶段里只能专注一个业务，业务要排优先级。即使当前腾讯在互联网业务上已是全面开花，马化腾也认为自己并没有分散精力，"从表面上看，大家觉得腾讯现在什么都在做。实际上，我们一切都是围绕着以QQ为基础形成的社区和平台在发展的。""专注地做自己擅长的事情"，现在已经成为腾讯企业文化的一部分，马化腾的认真和专注，更成了腾讯人最可信赖和依靠的支柱。

创业者只有在创业初期就对企业有一个明确的定位，并且沿着这个方向一直坚持做下去，才能够成为行业的精英。不顾企业现状就盲目地"摊大饼"，不仅会让企业专注发展强项业务的能力被分散，而且很难做到面面俱到。

8.学会对诱惑说"不"

2002年11月，我国首例SARS（严重急性呼吸综合征）病毒携带者出现在广州，随后SARS以星火燎原之势迅速席卷全国。到2003年，人们的生活已经彻底被SARS影响：各大购物商场门可罗雀，学生停课；人们若非万不得已决不出门。阴霾笼罩着的不仅是各大步行街、百货商店，更笼罩着众多经营行业。但是，却有一个行业冲破这一片黑云,赢得了迅速发展,那就是快递。

  对初涉内地的顺丰来说,SARS带来的机遇远远大于挑战。当时,正值王卫设立深圳总部,完成全国收权的时期。收权之后,员工有了更大的干劲,企业也更加团结,正摩拳擦掌准备大干一场。加上自1993年以来近十年的积累,应付大容量的业务毫不费劲,服务也已经有一定质量。而广东恰好是SARS袭击的重灾区,快递的重要性不言而喻。

  基于此,顺丰的营业额不断增加。除此之外,由于当时顺丰经营的地区尚未完全扩展到全国,长三角地区也只是稍加尝试,因此更加大了可扩展的空间。随着SARS的逐渐蔓延,顺丰的营业额不断增长,王卫的心思也跨到了整个全国市场上。截至2002年,广东地区快递业务创造的利润额就已经占据了顺丰公司总利润的40%,如何将业务扩展到全国是王卫脑海中早就挥之不去的想往。

  但与此同时,王卫也深知一旦公司的基础跟不上公司前进的步伐,就会给自己带来毁灭性的灾难,因此他严格控制着公司的发展速度。比如拒绝接大件物品;比如将目标市场定位到收入中高端的人群,避免在价格上与大多数同行争夺。"减缓公司发展速度,保证派件速度"的策略让人们看到了王卫的清醒和自制,这对于创业者来说是非常可贵的品质。在企业逐渐发展壮大的过程中,许多创业者因为贪心,在自己手头业务还没有做好的情况下就盲目扩大规模、发展各项业务,反而错过了宝贵的发展机遇,甚至失去了继续发展的后劲儿。

  成功,是从拒绝诱惑开始的,学会对诱惑说"不",是成功的先决条件,更是一种睿智的境界,一种理性的选择。

王卫的谜 顺丰的那套办法

中国著名企业家柳传志谈到自己的创业秘诀时,说道:"我们之所以能坚持下来,就因为不管别人是什么样,我们一心朝着自己的目标努力,决心要用自己的技术,做自主品牌的电脑。回忆起来,这其实就是我们公司做事的原则,把企业想做的事做好,不受别的诱惑。"柳传志刚创办联想时,做进口电子产品代理,生意渐渐红火起来。民生银行刚创立的时候,有人来找柳传志投资参股,他拒绝了;后来房地产产业经验,布局冷链市场。"从优选出发建立在仓储和配送末端的经验,未来也可能成为集团新的利润增长点之一。"

有人建议柳传志投资成立房地产公司,他仍然选择拒绝。尽管柳传志的一个企业朋友投资了民生银行,资产从2亿变成了几百亿;而那些投资房地产的企业也赚得盆满钵溢。

一直到2001年,长达17年的时间内,联想都只是一家传统的国有企业。柳传志本人也仅仅是一名由组织任命的工资并不高的职业经理人。要是想赚钱,他有很多的机会:在联想创办初期可以依靠批文和进口货物赚快钱,然后像那些腰缠万贯、移居海外的有钱人一样,过一种世外桃源般的惬意日子。也可以像许多国有企业负责人一样,做大成本,做空利润,让管理团队多一些收入,但这会让企业失去做大做强的能力。他还可以当一个真正的机会主义者,拿出资金来参与到房地产等更多的快钱行业中,这样会导致联想不再致力于培养有世界影响力的PC品牌。庆幸的是,柳传志没有被诱惑。柳传志一点都不后悔自己的选择,他说:"我觉得,其他人做的发财事我们没做,不用感到遗憾,但是如果自己既定的事情没做,我们才会感到遗憾。这就是企业成长过程中的'心无杂物'"。正是柳传志和早期创业团队的"心无杂物",才有今天全球市场第一、年销售额过千亿的联想电脑。

成功最大的障碍就是欲望,能否在欲望面前保持一个清醒冷静的头脑,是成功与否的关键所在。

阿里巴巴在上市前,马云对认购的预期是400亿美元,没想到,在第一站香港就募集到360亿美元,随即到新加坡后达到600亿美元,走到纽约已经募集到1800亿美元。这时,团队中有人提议:将他们最初预定的12港元的发行价,可以改为每股24元,就会比预期多出120亿港元!这是多好的发财机会!但马云当晚就召集团队开会,告诉他们:"人要在诱惑面前学会说No!"贪婪一定会付出代价,最后他们把发行价定在了13.5港元。

马云没有因为巨额融资就抬高发行价,看起来吃了亏,实际上却让阿里巴巴获得了更加扎实稳定的发展。

创业者要像这些成功的企业家一样,遇到诱惑要沉得住气,更要对自己的能力有清醒的认识,不做能力之外的事。创业者要时刻提醒自己把胃口收得小一点,把眼光放得长远一些,才能在激烈的市场角逐中稳操胜券。

第四章

求新求变,不断完善的顺丰经营体系

1. 不放弃任何发展契机

王卫和许多成功的创业者一样,相信在逆境中只有不断奋进才能求得生存,才能有发展的可能性。

进入2000年以后,快递行业发展势头迅猛,王卫也抓紧机遇,带领顺丰一面继续扩大地盘,一面提高顺丰的服务质量,希望能在众多的快递企业中保有自己的特色。快递业的迅速崛起,也让更多人看到了其中的商机,不少人依靠一间老旧的街道房屋,一部联系业务的电话,一辆送货的电动车,就成立了夫妻或者兄弟搭档的街道快递公司。

这些看似毫不起眼的小作坊式快递店,给包括顺丰在内的大型快递公司带来了不少麻烦。这些快递企业由于规模小、操作不规范、服务质量差等原因，导致人们对于快递行业普遍抱有不信任的态度，严重损害了像顺丰这样负责任的快递企业千辛万苦一点点建立起的口碑。

王卫为了赢取客户的信任，为顺丰制定了一系列详细的规章制度。即使这样，顺丰的处境仍然非常艰难，这时的顺丰就如同夹缝中的杂草一样，为了生存不放弃任何的发展契机。

2007年9月，中国标准化研究院发布了《快递服务》标准。王卫意识到国家已经开始重视国内的快递行业，相信在不久的将来就会有专门的法律出现。所以他严格依照《快递服务》标准的规定，在顺丰内部进行大规模的业务整顿，希望能够达到国家的快递企业标准。通过一番企业内部优化之后，顺丰不仅为即将出台的快递法律做好了准备，也因此提高了顺丰的快递效率，降低了企业成本，并进一步扩大了市场份额。在王卫治理顺丰内部弊病的两年间，新的《邮政法》也在紧锣密鼓的制定中。

2009年4月24日，修订后的新《邮政法》颁布，意味着顺丰等快递公司脱去了"黑户口"的帽子，正式成为法律认可的企业。

快递政策日益明朗之后，王卫勇敢地加大投资力度。他利用国家在土地方面的优惠政策，在各大城市的航空港附近买下大量地皮，建立顺丰的大型中转场，进一步稳固和扩大顺丰快递网络；同时斥资三亿多元购买了几千辆运输车；一些达不到国家标准，即将被取缔的小快递公司，王卫也大量收购，以至于现在整个内地除了青海和西藏，其他各个省市都有顺丰的营业点。

王卫依靠新《邮政法》颁布的有利形势，大举在全国攻城略地，稳稳地成为民营快递企业中的领头羊。

【王卫的谜 顺丰的那套办法】

创业者要知道，一个人最终能不能成功，不在于是否具有聪慧的头脑和超人的才华，而在于是否有坚持到底的意志力。遇到困难不退缩，遇挫跌倒再起身，利剑百炼方成钢。

王卫，就是这样的人。既然选择了开始，无论路上发生什么都要咬牙坚持下去。即使在路上摔倒了也要立刻爬起来继续往前走。

在提出要追赶国际快递大企业的目标之后的几年时间内，王卫也的确做到了这一点，他不仅稳稳抓住了中高端快递市场，同时还进入了其他非传统领域和行业，希望能够找到更多稳固顺丰的支撑点，让顺丰在高速奔跑中保持平衡。虽然此时的顺丰依然远不是海外快递巨头们的对手，不过顺丰的高速发展，也让民营快递企业看到了行业标杆和方向，只要抓住时间，发展壮大自己，未来与海外巨鳄们之间的较量，最终鹿死谁手尚未可知，也许蚍蜉撼大树，并非可笑不自量。

在一次内部讲话中，王卫说："首先，当然是要确立目标。我们说追赶国际快递大企业，追赶的是什么？我想首先不是规模，而应该是服务质量和声誉，追求像他们一样受到消费者的认可和社会尊重。其次，是要评估好自己有没有实力去实现这个目标。但是，如果根基不稳，你在上面盖的房子很容易变危楼，到时塌方，影响更大。民营快递行业这两年才刚刚发展起来，所以，我们要对自己有一个清楚的评估，要脚踏实地，一步一步走。至于能走多快、走多远，我认为并不需要苛求。一旦发现基础不能支撑，就会赶紧调整节奏。所以，希望大家能对我们多一点耐心。现在各家民营快递企业都已经认识到了提高服务质量的重要性，都在加大这方面的投入。但要看到明显效果，可能还需要一段时间。我相信，只要国家大的政策环境不变，中国民营快递企业五年之内一定会有一些亮点！"

很多时候，绝望中的希望就如同藏在乌云背后的阳光一样，那些被乌云遮住双眼的人，如果能够拨开眼前的重重迷雾，跳过内心自我设置的樊篱，便能够找到解决问题的方法，在绝望的黑暗之中，看到希望的光芒。因此，没有绝望的事，只有绝望的人。那些最终能让生命辉煌的人，会始终坚信，眼前的迷雾只是暂时的，任何事情都能够解决，只要不被眼前的"绝望"吓倒，一步一步整理思路，就能够"守得云开见月明"，看到希望的光亮和成功的道路。

2."收一派二"，既快又好

顺丰快递不仅是国内总体速度最快的企业，更能保证全年365天不间歇运行。王卫是如何做到的呢？

平时每家快递企业都很快，基本也没有差别。那么每到逢年过节之际，业务高峰时能否和往常一样快，才是见高下的决胜时期。目前绝大多数快递企业面对节日高峰时，都会出现"爆仓"的情况，导致整个快递网络瘫痪。

何为"爆仓"？其实就是快递企业一瞬间接收的快递量太大，处理能力不够，导致大量快递积压在仓储中心和中转中心，瞬间快递网络猝死的情况。其实人们对于爆仓并不陌生，因为每年的快递高峰期，总会出现类似问题。"爆仓"的结果就是源头不能接收快递，下游快递分配不出去,中间积压大量快递。

王卫显然对付"爆仓"有一套,因为顺丰从没有出现过"爆仓"的情况。拓宽快递渠道,不是一时半刻就能做到的事情,多年来王卫一直加大运输团队投入,包括购买大量运输车,甚至购买飞机,都是扩宽渠道的措施。不过这些硬件设施都需要大量的资金,王卫不得不在加快水流速度上动起脑筋。

为了加快顺丰的快递流通速度,王卫设立了"收一派二"的快递原则。"收一派二"简单来说就是一线快递员收取快递要在一小时内完成,派送快递要在两小时内完成。

"收一派二"说来简单,可是目前在快递行业内,只有顺丰能够做到,原因就是大部分快递企业的一线营业点分布不合理,商业发达地区太过密集,偏远地区又分散得太开,导致发达地区人力资源浪费,同属一个公司却依然要抢地盘,偏远地区又难以在短时间内完成取件、配送,时效性太差。

早期的顺丰也是同样,在设立一线网点时,完全不考虑合理性与科学性。在王卫定下"收一派二"原则之后,顺丰的网点建立完全依照这一原则,以每个营业点所在位置为圆点,辐射半径为一个小时车程的业务范围,相邻两个营业点要在两小时车程之内,交叉地区由一线快递员灵活解决,完全扫除业务盲点,确保营业点范围内的快递员收件工作能在一小时内完成。

顺丰此后建立的营业点,不仅业务盲点少,而且基本都在一小时内可以到达本业务区内的任何地点。至于如何做到取件一个小时,那就是在单个营业点的业务圆圈内增减快递员。快递业务繁忙地区多撒快递员,相对偏僻的地区则少些一线快递员,通过控制一线快递员密度的方式,灵活的增减人数。这样不仅保证每个客户周围的一小时车程范围内都有业务员存在,而且人力资源最大化利用。

对于一个快递企业来说,最终能体现服务质量的指标无非就是速度和安全。王卫认为在当下普遍快递质量相差不大的情况下,快递速度是制胜的关键因素,正所谓"天下武功,唯快不破",对于快递行业来说,足够快就能赢得优势,绝对是颠之不破的真理。

坊间戏言顺丰的快递员送货像疯了一样,送到马上走,一点都不停留。顺丰的体系就是这种标准化策略,要求快,不这样的话就达不到服务标准。

不过,"快"也是把双刃剑,近年来民营快递"让快件飞""消防栓签收"等问题屡见报端,为了扩大规模最终导致企业崩盘的事件屡有发生。如何才能做到快且规范,成为不少业内人士关心的话题。

相关负责人介绍,每晚顺丰速运都会派专人对当日的货物进行抽验,为了确保快递员在收件时验货,如果快递员所述与邮包内所寄物品不同,将扣除其一半工分的同时调换工作区域。

据知情人士透露,每位顺丰快递员一年有20分工分,违规操作则将扣除相应分数,一年内累计扣除10分以上,将被劝退。除对收寄验视环节严格要求外,顺丰还规定被客户电话投诉扣10分,情节严重者劝退;1小时内未能上门取件扣0.1分等诸多条款。

通过建立严格的考核制度,顺丰找到了"快与规范"二者的平衡点。

3.工资计件,员工就是老板

虽然王卫设立"收一派二"的原则,并且提供了包括HHT在内的高新技术设备,但是一线快递员不是机器人,各种误差也在所难免。再先进的设备也只是工具,替代不了人的主观能动性。

于是,王卫通过将"收一派二"原则与员工收入挂钩,很好的控制了一线员工的行动。

顺丰的待遇在同行业中算是不错了。据测算,顺丰速运平均工资:4867元/月。

事实上,顺丰发展到今天的独有秘诀之一就是它的计件工资。这样的制度保证了顺丰一线员工的高收入,高收入支撑着顺丰以快为核心的高服务质量。顺丰收派员的基本工资并不高:试用期一个月1800元;过了试用期就是1500元保底,派一件东西提成1.5元,收一件东西最低2元,通常按运费的6.5%算。其收入全部根据工作业绩提成,每个月的收入都是可以预期的,并非常稳定。在顺丰,每个快递员都是自己的老板,因为他们的报酬全系于勤奋以及客户的认同,而月薪上万元的收派员在顺丰早已不是特例。

原宅急送总裁陈平说:"顺丰的收派员和企业是分配关系,不是劳务上下级关系。这就是王卫聪明的地方,当年收权,他没有全收。当时是加盟老板不听话,他把老板收了,老板底下的员工我就容忍你,只要你听我话就行了,歪打正着了。"

一名在顺丰工作5年的司机说,今年他刚通过晋升机制成为一名真正的管理人员。顺丰最令他敬佩的是两点:一是对员工负责,除了保证收入,还给员工的家属各项补贴和福利;二是顺丰会给员工提供学习的机会,员工可以通过内部的晋升机制不断升职。据说目前在顺丰有一半以上的高管都是从基层收派员做起来的。

顺丰快递员的收入并不固定,而是采用计件制,收发的快递数量越多,收入也递增。

所以顺丰快递员根本不用王卫强制管理,为了自己的腰包,自然就拼命加快取送快递的速度。在员工的心目中,薪酬绝对不仅仅是口袋中的一定数目的钞票,它还代表了身份、地位,以及在公司中的工作绩效,甚至代表了个人的能力、品行和发展前景。

事实上,顺丰是第一个发明快递业计件工资的公司。这是顺丰至今为止跟其它公司最大的区别,也是顺丰的收派员为什么流失率相对较低的重要原因。顺丰的收派员只有700～1200元的基本工资,其它的全部根据工作业绩提成。快递员收一个快件20元,这20元里有一个固定的比例是归他的。顺丰的每一个快递员每一个月的收入都是可以预期的,并且非常稳定,可以随着他的个人努力不断增长。

2011新年前后那条关于顺丰的热门微博是一种戏剧性表现:"刚才顺丰的快递员在我公司发飙了。'我一个月工资一万五,会为了你这2000元的礼品丢这个饭碗么!'整个公司一片寂静。"

这是顺丰最有特色的管理制度,它把整个企业的机制体系确定下来,让所有人都能够看到自己报酬的上升路线。在顺丰,一个做得好的收派员是不愿意当仓管、组长,甚至经理的。而且每一个顺丰的快递员其实就是第一线的市场人员,他们非常有动力去发展新的优秀客户。曾经有天津的快递员坚持每天早上7点去写字楼义务帮忙扫地,就是为了拿到对方公司的快递业务。一旦拿到,他就多了一笔固定的提成收入。

"有个老哥们,工号前头5个零,他是跟王卫一起创业的十几个人里头的。王卫重感情,要给他高薪养着。他不干,坚持要守在一线,老婆孩子一辆面包车,收快件,一个月五六万。"

按照计件工资来算,顺丰的快递员工资比别的快递公司高,他们每天接6单快件的收入相当于其他快递接10单挣的钱数,这样不但有面子,工作起来也特别有劲头。即使在企业内部,员工之间也会互相攀比。从单纯薪资相差的数字来看,几十元不算什么,但是在员工的心目中,比别人少拿的几十元是工作业绩、能力不如别人的象征。

而在顺丰,这种能力是由自己决定的,只要勤奋点,态度好,就能比别人赚得多。

薪酬激励不单单是金钱的激励,它实质上是一种很复杂的激励方式,隐含着成就的激励、地位的激励等。巧妙地运用这种薪酬激励方式,不但能调动员工的高昂士气和工作激情,还能吸引到很多优秀人才,极大提高企业的战斗力。计件工资之所以能带来这么大的正面效应,还因为这种激励性薪酬与工作的高匹配度。因此,领导者要根据自己公司的实际情况来制定薪酬,而不能简单地模仿。激励性薪酬的基本构成包括基本薪资、奖金、津贴、福利、保险。激励性的员工薪酬模式的设计,就是将上述五个组成部分合理地组合起来,使其能够恰到好处地对员工产生激励作用。这里有三种模式可供选择:第一种为高弹性模式,薪酬主要根据员工近期的绩效决定。在一般情况下,奖金在薪酬中所占的比重比较大,而福利比重较小;在基本薪资部分,实行绩效工资(如王卫采用的计件工资)、销售提成工资等工资形式。在不同时期,员工的薪酬起伏比较大。这种模式有较强的激励功能,但员工缺乏安全感。第二种是高稳定模式,薪酬与员工个人的绩效关系不太大。它主要取决于企业的经营状况,因此,个人收入相对比较稳定。这种模式有比较强的安全感,但缺乏激励功能,而且人工成本增长过快,企业负担加大。在这种模式中,基本工资占主要成分,福利水平一般比较高。奖金主要是根据企业经营状况及员工个人工资的一定比例或平均发放。第三种是折中模式,既具有弹性,具有激励员工提高绩效的功能;又具有稳定性,能给员工一种安全感,使其注意向长远目标努力。现在,很多企业在制定激励性的薪酬体系时都会采用这种折中模式,事实证明,它确实能给企业带来良好的收益。

很明显,王卫采用的是折中模式,他通过专门的统计技术给每个快递员划分自己负责的一个区域,使其工资保持在稳定范围内。绩效部分就要靠快递员自己去争取了,这才有了在马路上跌倒了爬起来继续奔跑的顺丰快递员。

在快递行业,顺丰一直以高薪著称。对员工来说,他们只需工作努力,自然会获得满意的收入,无须为此患得患失。对企业来说,无须督促员工,员工自主就能努力工作,为公司创造巨大效益。计件工资在员工和企业之间建立起了良性互动关系,创造了双赢的局面。

4.技术革新,提升顺丰的科技化程度

顺丰在成立初期也采用过人海战术,顺丰员工数量甚至已经成为全球快递企业之最。

随着顺丰进入成熟期,王卫的人海战术弊端也渐渐凸显:人力成本增加,调度难度大,人力资源浪费严重等。

为了将顺丰从臃肿的"胖子"瘦身到身手矫健的"健美先生",王卫不惜投入大量资金到顺丰的信息化升级中,从软硬件全方面提升顺丰的科技化程度。目前看来,效果是相当明显的,这也是顺丰能够领先国内快递企业的重要原因。

在软件提升方面,王卫首先为顺丰引进了先进的"神经系统"。王卫想要提速顺丰,反应速度快,信息化的中枢系统是最重要的一环。

2006年,深圳举行了首届物流系统解决方案展览会,深圳电信展示了一套全新的物流信息化平台方案,包括客户服务系统、配送系统、运输系统和仓储系统。

这仿佛是为顺丰量身定制,王卫毫不犹豫在业内率先引入这套系统。随后顺丰与深圳电信合作,建立了顺丰深圳呼叫中心,并在全国主要城市设立分拨呼叫点,覆盖全国。这套呼叫系统使得无论客户身在何地,只要呼叫顺丰快递服务,都会集中到各个呼叫中心,进而由呼叫中心向离客户最近的快递网点发送客户需求。

顺丰是如何依靠客户的一个电话就能准确定位的呢?

这就需要一个拥有GPRS定位系统的全国网络。顺丰为此在深圳华南城与深圳电信建立了"全球眼"追踪定位系统,与呼叫系统完美配合,顺丰因此拥有了业内最先进、最全面的信息化网络。

拥有信息化网络还不能完全解决问题,从网络到一线快递员还需要有传输信息的工具。

王卫为全体十几万员工配备了先进的手持终端设备HHT。HHT其实与物流行业的PDA类似,就是能够沟通一线操作员与整个物流系统的手持媒介。HHT因为外形像一把手枪,在顺丰内部也被称作巴枪。

每个顺丰收派员都有一个巴枪,这玩意儿看起来有点酷,黑色的,像个PDA。用红色按键打开之后,屏幕上会有17项菜单。快件一旦开始递送,每个环节的工作人员都需要用巴枪扫描快件上的条码,以便系统和消费者随时跟踪。此外,它还有运费结算,查询收派件范围和拍照功能。

巴枪其实是一种类似物流行业PDA的手持终端,它能够通过扫描快点上的条码,进而通过网络将快递的状态上传至顺丰网络总部,同时每件快递的状态在顺丰网络上向每个手持HHT终端的一线快递员开放。同时HHT还具有GPRS定位功能,能够确定每个快递员所在位置,并通过HHT向快递员发布周围七公里半径范围内的快递业务,包括哪里有客户呼叫了顺丰,以及所需派送快递的大致位置,HHT会随着快递员的移动而不断刷新7公里范围内的快递业务,完全就是个小型移动智能数据库。

初代巴枪来得不容易,为了配合顺丰的信息化网络,王卫从韩国进口了巴枪,当时一把巴枪价值在七千元,而顺丰有十几万员工,对于当时刚刚进入成熟期的顺丰来说,价值不菲。从这里也可以体会到王卫在提升顺丰科技含量上下的决心。当时国内的其他民营快递企业还停留在电话和短信联系快递员的阶段,顺丰已经开始进入信息化时代。

有了巴枪以后,每件快递都会拥有一个专属的条码,快递员在收取和派送快递时,只需要拿着巴枪对着条码扫描一下,巴枪会通过网络自动将该件快递的状态上传至网络,并且可以通过巴枪查询每一件存在网络中的快递状态。以此为基础,顺丰率先推出了快递全程查询服务。以往人们在寄出快递之后,完全不知道自己快递的状态，不知道在什么位置，也不知道大概什么时候会达到。有了全程信息化管理之后，人们可以很轻松地获知快递的信息。快递过程透明化让顺丰获得了客户的信任。

不过，王卫并没有停止革新技术的脚步，在使用初代进口巴枪之后，王卫一方面觉得开销太大，价格完全由韩国厂商控制；另一方面觉得巴枪技术并不是很成熟，有很多亟待完善的地方。为此，王卫找到了清华大学，与清华合作，研发自主品牌的手持终端。在多年之后，王卫不仅放弃了韩国进口的巴枪，省下一大笔资金，更研发出了更为智能的HHT4版本，此时的新式巴枪拥有GPRS、蓝牙、拍照、WiFi等功能，完全与一部3G手机差不多，并获得十余项国家专利。

此后为了加强个分部、点部之间的沟通交流，王卫还引进了新式打印机——信达雅e-FAX网络传真机。企业各网点或者分公司之间的交流，基本都是通过传真机，不过一般的传真机根本难以跟上顺丰的信息交流速度。庞大的顺丰快递网络，每时每刻都会有指令发出，雪花般的传真足以让一般的传真机堵塞，甚至死机，这给顺丰内部交流带来了不小的麻烦。

不过信达雅公司提供的e-FAX网络传真机完美解决了这一问题，装上e-FAX网络传真机后，各台e-FAX网络传真机会形成独立于电话系统的e-FAX网络传真网络，不仅可以避免网络堵塞问题，更可以实现市话传真收费，降低了长途传真的费用，这对于分部覆盖全国的顺丰有着相当可观的降低成本意义。

e-FAX网络传真机不仅在基本的传真业务上质量过硬，而且还具有如语音提示、传真群发、失败重发、定时发送、E-mail与e-FAX互发、传真通报、自动分发和传真管理等大量实用的功能。同时还有专门为顺丰特制的功能：直接上传文件功能、路由功能和传真打印功能。通过这套全新的e-FAX网络传真网络，顺丰内部沟通再无障碍。

在这些高科技技术产品应用到顺丰之后,顺丰运转效率大大提升,不仅让顺丰成为业内发展最快的快递企业,同时也为顺丰节省了大量的开支。

5.为什么要有自己的飞机

2009年12月31日晚,一架印有顺丰Logo的全货运飞机掠过深圳的天空,与漆黑的夜色融为一体。2010年1月1日凌晨4点20分,杭州萧山国际机场货机坪迎来了这架跨年飞行的全货机,这标志着顺丰航空公司的首条货运航线,深圳至杭州航线正式开通,也标志着国内第一家拥有飞机的民营快递公司成功首航。其实顺丰在2007年就已经开始筹备航空公司的建立事宜,早在"上海部分民营快递企业'3·15'座谈会"上,顺丰就表现出了买飞机的意向。

当时王卫准备买下两架波音公司的737飞机和757飞机,均为飞行十五年左右的货机,大概需要花费1000万美元。2009年2月9日,顺丰航空得到了民航局的大力支持,并颁发公共航空运输企业经营许可证。斥资一亿元的顺丰航空批准获建,其中深圳市泰海投资有限公司出资7500万元,占75%的股份;顺丰则掌握了剩下25%的股份。而其实顺丰航空公司的大股东,泰海投资99%的股权是由王卫个人掌控。

或许很多人都会感到疑惑,顺丰不是已经和扬子江快运、东海航空、中货航等航空公司合作,租赁旗下的全货机进行运输了吗?难道230多条的航空线路腹舱不够用吗？其实王卫有着自己的考虑，虽然与航空公司合作可以极大提高顺丰速运的快件运送速度，增加了航空公司自身的收入，使双方的资源得到了优化配置。但与航空公司的合作也制约着顺丰服务质量的提高。不可否认，和航空公司合作有着极大的优势，但顾客究竟想要的是什么样的服务呢？电子商务的兴起带动了快递业的发展，与此同时，电子商务的市场规模也以每年35%~40%的速度增长。可见由电子商务引起的快递需求市场巨大，但目前民航货运量并没有随着电子商务与快递的崛起而突飞猛进。从市场角度看，电商的成交价在500元以上，才有可能承担得起航空物流的服务。但目前大部分成交单价都在350元以下，虽有增加趋势，但很大一部分客户仍会选择普通快递。而很多采用航空物流的客户看中的是稳定性与时效性，顺丰与这么多航线合作，算得上是稳定的供应链了。但为什么还是有很多高价值的商品喜欢走陆运呢？这就与航线的时间限制有关了。

许多客户在选择航空物流时，看中的不仅是快速、稳定、安全，"次晨达"也是十分重要的因素。但之前顺丰并非所有时候都能做到这个要求，要赶上次晨达，就必须赶上合作伙伴的晚航班。据统计，很多快递需求都是下午四点后产生的，尤其南方一些地区，近七成的快件业务都是在四点后，快递员上门取件后，所以根本没有办法保证一定能赶上当天的晚航班。虽然顺丰已经包用了国内近四成晚航班，但航班毕竟以客运为主，起飞时间并不会因为快件延迟而更改，因此次晨达的要求就显得难办了。

若再乘次日的早航班，大部分快件都得到下午才能完成到收件人手里的派送。同样，在国际业务上，"次晨达"也显得极为难办。四点后产生的国际快件必须在海关等政府机构下班前送达并完成手续，才有可能实现次晨达。若延误了，则最快也只能完成次日下午派送。大多数客户对此较为敏感,若无法完成次晨达,他们会选择次日达,而这普通的陆运就可以做到,而且成本相对较低,更有竞争优势。因此,为了更好地服务客户,拥有自己的航空公司显得极为重要。不受时间限制,可以随时为顾客完成快件运送。

2010年3月22日,一架波音757-200型飞机在国航西南分公司完成最后一次客运任务后,由西南飞行部李明作机组驾驶从成都双流国际机场起飞,历经2个多小时,飞越1700多公里后,到达厦门高崎国际机场,顺利按销售合同交付给顺丰航空公司。波音757飞机由波音公司设计,用于替换波音727。波音757有着较为新颖的设计,如双引擎和双人操作的驾驶室。顺丰将原来的客机改造成了全货机,保持了最大起飞重量和最大着陆重量等指标。

2013年11月1日,顺丰第13架自有货机飞抵深圳宝安国际机场,正式加入顺丰航空机队,为顺丰的航空物流业发光发热。仅仅三四年的时间,顺丰凭借着充裕的货源支撑,已拥有了13架自有货机。

顺丰作为航空物流领域的竞争对手,它的合作伙伴们是如何看待这个快递巨头的呢?本来由各个航空公司运送的快件都给顺丰航空运输了,国内的航空公司业务是否被大大削弱了呢?事实并非如此,国内四大航除海航的扬子江快运外,都不经营国内的货机路线,而本来应是竞争对手的扬子江快运却因为顺丰充裕的货源支持而更加走俏。而在货舱方面,其他航空公司的网络与航班时刻是顺丰航空能力所无法企及的,顺丰并无意去争夺。所以顺丰仍然依靠借用腹舱的合作方式,实现全国航空派送。

可见,顺丰将合作与竞争做了极好的平衡,真正实现了"双赢"。在顺丰忙着建立自己的航空公司,并积极和国内航空公司合作时,拥有自己庞大机队的国际快递巨头联邦快递也透露,要把一些低端货物从自己的货舱中剥离出来,交给航空公司腹舱进行运输。目前美国达美航空公司近四成的业务来自联邦快递和联合包裹服务公司的2日件和3日件。顺丰航空公司的成立是为了更好地服务客户，摆脱了航班的时间局限性，顺丰可以带给客户们更贴心的服务。

自建与合作的平衡也是一种资源的优化，使得双方获益。对任何一个企业来说，广阔的市场和无尽的利润都是其永远不懈追求的目标。

6.特殊的成本战略

顺丰通过飞机运货尽管能够完成要求，但是成本花销不就很高吗？顺丰员工每个人都配备着价值不菲的高科技产品，这些钱究竟来自哪里？顺丰如何在自身迅速发展的同时赢得利润呢？这就要从王卫特殊的成本战略说起了。

要获得利润有两个途径，一个是降低成本；一个是提高定价。顺丰的定价很少波动，在当今市场已经基本稳定的情况下，再行提价也比较困难。因此，唯一能做的就是降低成本。

就在其他民营企业大打价格战的时候，顺丰却另辟蹊径，采用了完全不同的与国际接轨的成本节约方式。在王卫看来，只要做到了最好的服务，未来潜在的市场就有被无限扩大的可能。对于快递，客户最担心的就是安全问题和时间问题，能够在这两个问题上做到最好，自然就能吸引来更多的客户。

因而，在这两个方面的投入必须要不断增加。比如设备、技术、管理系统等的更新换代,而且一换就是整个公司所有地区的所有网点全部更新。从短期来看,的确是有非常大的消耗,但是从长远来看,正是通过这些更新换代,才能承接更多的业务,拿到更多的订单,取得更多的利润。

比如王卫下定决心将自动分拣系统引入公司。尽管这一系统非常有效,但是快递公司往往需要花上十年乃至二十年的时间,才能收回在这方面耗费的成本,这让不少企业望而却步。迄今为止,只有国际上的大型快递公司愿意采用此种高效的分拣系统,国内只有顺丰一家。

自动分拣带来的效益非常明显,顺丰从此能够接受的订单量大幅增加。而这只是王卫战略成本控制体系中的一部分,除此之外还有很多。快递行业基层人员的工作实际上非常辛苦,连续不断的奔波让他们非常疲累,不断确认详细信息让他们非常烦躁,公司严格的规章制度让他们有苦只能往肚里咽。随着这些年来社会压力的不断增大,基层员工的境遇可谓非常差。为了留住公司职员,顺丰采取的方法非常简单,就是开出比同行业其他快递公司高出数倍的薪金。尽管这个措施看上去成本增多了,但是实际上通过减少员工流动却大大减少了成本支出。

首先,这种做法增加了员工对公司的向心力,保证了已有员工的稳定性;其次,高额薪酬还可以吸引来更多的快递工作人员,从而省下不少招聘人员过程中所需要的消耗。其实王卫是个非常精明的人,他知道高科技产品的消耗很大,因而不会再在其他地方花费太多。比如,员工送货这一阶段,其他公司都会配套公司的车辆,但是王卫不这么做,顺丰所有的城内运送的助推车、自行车,都是员工自己掏钱买的。顺丰采取"计件工资"的制度,员工为了多接订单,就更愿意自己买交通工具。王卫因此省了一大笔钱,控制了在设备成本上的消耗。

此外，顺丰还倾力打造自己的网上订单系统以及及时客服系统。通过这两个系统的完善，顾客能够事先了解收费标准，还能很快找到联系公司的方式。下单之后，快递员迅速上门取件，既不会有价格的争论，工作人员也不会白跑一趟，节省了两方的时间。顺丰的业务员区域负责制度也为节省成本作出了贡献，区域负责制度主要是指一个业务员只负责一个区域，这个区域内的收件派件都是他的工作，严格控制了业务员的接单量。

这些措施都让顺丰的成本变得可控，中国快递协会副会长达瓦这样评价王卫的成本管理："王卫的每一笔钱花在什么地方，他自有分寸。据我了解，他也是做了市场调研反复论证的。顺丰开会就是吃盒饭，成本核算得很好。国有公司的成本核算像吃中餐，谁吃了哪个菜，吃了多少都不清楚。而王卫的企业管理像吃西餐，谁的盘子里有多少、吃了多少，都一清二楚。"

7.量身定做，为客户提供个性化服务

联邦快递之父弗雷德·史密斯曾说："想称霸市场，首先要让客户的心跟着你走，然后让客户的腰包跟着你走。"但客户的心不是随随便便任你驱使的，只有高度满足客户的意愿，客户才能心甘情愿地向你敞开钱袋。所以，不管是提供全程服务还是个性服务，都是为了让客户达到百分百的满意。

创业以来,顺丰专注而高质量的服务赢得了一大批忠实粉丝。但随着快递市场的高速发展,国际巨头联邦快递和联合包裹对中国市场虎视眈眈。而由于准入门槛低,国内各大民营快递公司如雨后春笋般迅速成长起来。

国内的客户开始不满足于顺丰高质量但高价格的服务,而随着电商的快速崛起,网购一族也成了快递业的主力军。"四通一达"借势而起,迅速占领了这块潜力巨大的市场。而同时,国际巨头继《邮政法》实施的窘境后,又再次向国家邮政局提出经营国内快递业务的申请,最终于2012年9月获批。若联合包裹、联邦快递这两大国际巨头进军国内市场,之前因国家政策限制外资快递进入而引起的快递业"短暂春天"很可能因此降温,顺丰目前的市场定位也可能受到冲击。

2012年8月1日,顺丰推出了"四日件"服务,主要以异地快件运送为主,首次将触角伸向了低端市场。该服务主要面向淘宝卖家,顺丰开通562条陆运线路,可以支持大陆29个省市(新疆、西藏除外)的陆地运输。首重价格从22元降到了18元,续重也从14元/公斤减少为7元/公斤。随着价格的下调,送达速度也相对变慢,大概与航空快件有1~2天的差距,预计4个工作日送达。同时,"四日件"仍然享受顺丰"收一派二"的精品服务,同时保价、自助服务、代收货款等航空件所有的增值服务也都在"四日件"服务内。

从中高端市场走下,面对价格较低、速度较慢,但服务不低的"四日件",消费者们是否领情呢?

很多"商对客"经营化妆品、音像制品、液体商品、粉末状商品的电商,对此举十分看好。他们的商品无法经由航空运输,而顺丰提供了"四日件"经济快递,在带给他们降低价格的同时,也方便了此类商品的运送。而同时顺丰高质量的服务也令他们对商品的运输过程放心,购买商品的顾客也能因此得到更好的保障,因此可以极好地维护客户关系。有不少淘宝买家在购买商品时并不看重抵达时间,而顺丰减速却不减质量的服务令他们心生青睐。虽然相比较"四通一达"稍贵,但考虑到快件安全、服务态度等问题,价格也在可承受范围内,因此顺丰凭借着"四日件"也渐渐在电商市场上分得一杯羹。在获得无数好评的同时,"四日件"也受到了一些微辞,有部分淘宝买家认为,虽然价格降低,但速度实在有点慢,因此不会选用四日件。

而精明的卖家已经算了一笔账:以从济南到广州为例,10公斤的商品用顺丰标准快件需花费148元,而选用"四日件"只需81元,节省了近半的花费。但如果只需寄送1公斤物件,四日件为18元,仅比标准快件优惠3元。可见,优惠程度因寄送物品重量不同而有所改变。

横向与其他快递相比,同样是10公斤商品从济南到广州,申通要价110元,韵达为87元,中通、圆通、天天等快递只需70元左右。"四日件"的价格在中等水平,比上不足比下有余,而借着顺丰的服务口碑,"四日件"的推出可以引来一大批顾客。

2012年,全国快递行业已连续十六个月增长速度超50%,随着快递的飞速发展,顾客的需求日益细化,服务、价格等的平衡更加被量化。而随着国内竞争的逐渐激烈,市场细分才能实现更多的利益分享。快递服务就是"在正确的时间,将货物送到正确的地点交给正确的人",不管是要求快递或者慢递,或者要求"限时服务""上门取件",都是快递服务的本质。而面对日益细化的市场,顺丰及时做出了应对,在越来越亲近普通群众的同时也为自己赢得了更大的发展空间。

但现在在顺丰的官网上,四日件已不见踪迹,取而代之的是顺丰特惠。这是一个整合了"四日件""港澳经济快件"等的陆运快件,同时针对顾客非紧急寄件需求推出的经济型快件。其价格也与"四日件"一样，走下了中高端的金字塔，更加亲民，虽降低了运送速度但却不减高质量服务，更能满足客户多样化的市场需求。

虽然"四日件"获得了成功，但是顺丰管理层依然对走下中高端市场存有疑虑，为此王卫2013年的年初讲话中，作出了解释："我们现在必须做出改变，要把公司的经营思路全面扭转，改变闭门造车的模式，走到客户中间去，看看他们真正需要什么样的快递服务，为他们量身定做一些东西。如此一来，公司内部的所有环节都要以客户为导向，而不是拍拍脑袋想当然的做决定还自我感觉良好——这样做的结果往往是，你自以为客户操碎了心，而人家根本不领你的情。真正的以市场为导向，不是哪个职能部门说了算，也不是总部哪个总裁说了算，当然也不是我王卫说了算，而是客户说了算，客户才是我们真正的老板。客户说他需要什么样的服务，我们能够做到，而且做出来能够令他满意，那才是真正的好，才是皆大欢喜的双赢局面，才是公司的长远发展之道。所以我今年把所有的组织架构、激励方案、考核办法等都做了调整。我相信，这一整套东西算是为接下来顺丰第三个十年的发展引擎做一个改造升级的工程。"

不过变幻莫测的客户需求，依然容不得顺丰放松，谨慎的王卫在讲话中说道："以前我们都把客户认为一些好的产品和服务推销给客户，效果并不是很好。接下来我们要走到客户中间去，围绕客户真正的需求去为他们量身定做一些产品和服务。这将是我们2013年最大的一个改变。"

8.顺丰应用程序(APP),创新赢得市场

从2013年起,快递应用程序(APP)软件开始出现在人们的视野中。快递企业便以此为契机,拓展自己的业务量,为线下客户提供收取件查询、网点查询、下单等服务。但是从快递应用程序(APP)的市场应用情况来看,到目前为止,能够实现下单功能的快递应用程序(APP)软件寥寥无几。

面对这种情况,顺丰速运集团结合自身的优势和客户的需求,自主进行了应用程序软件的研发,并实现了应用的目的。在大多数快递公司还在将快递应用程序(APP)作为线上补充功能软件时,顺丰已经对应用程序(APP)的功能进行了创新,并实现了完美运用,提升了服务的质量和水平。

用户只需在百度首页上搜索"顺丰"二字,随后就会出现顺丰速运的官网以及查询对话框的页面,只要在对话框中输入快递单号等关键信息,就可以查询快件的相应位置。还可以进入顺丰官网,进行查询和预约取件等服务。

当然,这还不是顺丰应用程序(APP)最先进的功能,顺丰应用程序(APP)还充分运用了移动客户端的优势,可以随时随地互联互通,利用LBS获取移动终端用户的准确位置信息,利用客户的零碎时间提供快递服务,既提高了服务效率,又缩短了客户所耗费的时间。

除此之外,顺丰应用程序(APP)还有独特的四大功能优势:
(1)摇一摇下单服务
用户只要摇一摇手机,就能获取自己当前的位置,然后在下单

的时候,可以不必再输入具体的地址,既减少了用户的操作量,节省了时间,又避免了因输错地址而造成不必要的麻烦。

(2)主动推送服务

"主动推送服务"是指在有快件寄来时,会主动在手机中弹出提醒信息,让客户了解快件的派送情况。从这一点可以看出,顺丰速运还特意考虑了用户的需求。如果客户在网上购买了东西,可能就会关心什么时候发货,什么时候能送到。而顺丰应用程序(APP)的这一功能正好满足了他们的这一类需求,可以让他们能更加放心地在家等快递。当然,如果快件的运送状况出现变化,SO-LO-MO-CO,即 Social(社交化)、Local(本地化)、Mobile(移动化)和 Commercial(商业化)。

主动提醒客户这一功能的使用,不仅为客户带来了便利和安全感,顺丰速运从中也获得了利益,客户减少了电话咨询客服的次数,大大减轻了客服中心的工作压力,从而减少了人力成本。

(3)一键转寄服务

与前两个功能相比,"一键转寄服务"更加人性化。用户如果不方便接收快件,就可以使用此功能,应用程序(APP)会自动向用户推荐附近的服务点,然后用户就可以选择代收服务点替自己收件。这一功能为许多上班族和繁忙的商务人士提供了便利,他们可以就近选择代收服务点,然后在上下班或者方便的时候来取,既不耽误他们的工作时间,还减轻了快递员的工作量。

(4)向客户推送快递员照片服务

"向客户推送快递员照片服务"是顺丰应用程序(APP)独有的功能,这一功能不仅体现了顺丰速运对用户的关怀,还提升了用户对快递员的信任度。这一功能有效避免了诈骗事件的发生,也增强了客户与快递员的交流和互动。

顺丰应用程序(APP)的这四大功能,体现了顺丰在支撑速运业务的基础上,将更多的精力集中在拓展终端用户群体和解决末端配送的问题。同时,顺丰通过运用应用程序(APP)进行服务创新,将服务水平又提升了一个档次。现如今,电商线上到线下(O2O)模式在市场上得以广泛推广,在这种商业环境中,顺丰应用程序(APP)将成为推动顺丰集团实现业务量快速增长的利器。

　　顺丰应用程序(APP)四大功能优势,这些针对客户需求所实现的服务功能,是顺丰速运在服务方面实现的创新和升级。顺丰应用程序(APP)的研发负责人认为,手机是一种很私密的物品,持有者一般为个人,这就决定了顺丰应用程序(APP)的应用主体主要是现金用户。或许这些用户寄件的次数并不一定多,但应用的群体大,相对的潜在客户群就非常大。

　　因此,顺丰速运就将这些客户群当作研究的对象,思考他们想要什么,还有什么需求没有被满足,还有什么市场潜力等待发掘。顺丰速运旨在通过建立SO-LO-MO-CO1体系,将顺丰应用程序(APP)变成人们的生活必需品,不断满足客户的支付需求。

第五章

顺丰的商业模式：
唯一一家完全直营化的快递企业

1.直营与加盟模式的"优劣"

国内民营快递公司除了顺丰一直坚持直销外，"四通一达"等知名企业都采取加盟或直营与加盟相结合的模式发展。一段时间以来，直营与加盟模式的"优劣"成为业界的话题。

随着改革开放的深入，民营企业在1995年前后进入了高速发展的井喷时期。大量新成立的公司带动了快递行业发展，大大小小的快递公司如雨后春笋般冒出来，其中以广东的珠三角一带、上海附近的长三角经济区和以北京为中心的环渤海湾经济带数量最多。顺丰在王卫的带领下，成功控制了整个华南地区的快递业务。1996年，已经稳住"老巢"广东的王卫，看到内地市场的日益繁荣，终于按捺不住内心的激情,决定走出华南,走向全国,那一年,王卫只有25岁。

王卫计划先从长三角地区入手,进而将顺丰网点撒遍全国。当时华东地区的快递行业形势,远比珠三角地区复杂得多,除了"四通一达"已经各自在自己的地盘上经营了多年,还有大量的街头快递公司和夫妻作坊式快递公司,整个快递市场一片混乱。不过混乱的快递市场给了王卫浑水摸鱼的好机会,为了能够快速抢占一席之地,王卫将顺丰在广东地区的模式复制在华东。但是不久王卫就发现,由于市场太大,顺丰本身的资金根本不足以在短时间内成立大量营业点。

为了能够在短时间内布下足够多的网点,顺丰和当时的"四通一达"一样,采用了加盟模式来迅速扩大企业规模。顺丰在长三角地区每设立一个网点,就成立一个公司,由各地的顺丰快递公司组建成顺丰的快递网络,这种情况一直持续到2002年,在此之前的顺丰快递都是只有各个地区的分公司,没有总部。分公司完全由加盟商独立经营,王卫依靠这种相对简单的加盟式合作,成功打入华东快递市场。

滚雪球式的加盟营销方式让顺丰在华东地区迅速布下了大量的营业点,而且还省去不少开销,这让王卫尝到了不少甜头。之后的两三年,王卫更是以华东地区为前哨站,将顺丰推向华中、华北地区。此时的顺丰步入了高速扩张的发展时期,为了铺设更为强大的快递网络,王卫将利润的大部分投入到扩大规模中去,同时还制定了一系列适用全国的快递标准,以此来更好地管理顺丰。最终在王卫的带领下,顺丰终于成为民营快递企业中的巨头。

1999年之后,顺丰进入稳定增长期,忙碌了几年的王卫决定给自己好好放个假。1999~2002年的三年间,王卫几乎完全淡出了顺丰的日常管理工作。在私生活方面,王卫身上有着典型的粤商风格,顾家、低调、信佛。在这三年里,王卫每天与妻子过着逍遥自在的生活,一起爬山、钓鱼,闲暇时间喝喝茶。出门也是不修边幅,随便穿着一件朴素的衬衣,反正也没有人认识他是谁。由于受佛教文化的影响,王卫为人冷静,他从不抽烟、喝酒,而且也很少说话。唯一比较像年轻人的爱好就是骑山地自行车了,有空王卫会和自行车友们一起玩高山速降车运动。那几年王卫过着像个隐士的生活,不仅公众没有他的任何消息,甚至连顺丰员工都很少遇到王卫。

不过王卫在游玩放松之余,也并非将顺丰完全交由公司的管理团队管理,他对于顺丰发展过程中的重大问题还是相当关注的,尤其是涉及到顺丰信誉的事情,毕竟那是自己亲手一点一滴攒起来的。在顺丰发展壮大的过程,有关顺丰的负面消息也不可避免地随之而来。

面对这种情况,顺丰能做的就是有则改之无则加勉,尽量不给别人留下口实。王卫也开始着手提高顺丰的整体服务质量,制定了更为精细的企业操作规章制度。原本以为可以解决问题的王卫,在此之后依然经常听到关于顺丰的负面新闻,他决定认真查找到底是哪个环节出了问题。

很快,王卫就发现了问题的根源,不是他制定的规则不够详细,而是下面一些营业点加盟商为了提高快递分拣速度,尤其是在比较中心的中转场,负责分拣的员工根本不会执行所谓的操作规范。

在多次强调无效之后,王卫开始思考顺丰的管理模式,他对比了国际上的一些快递巨头,很快就得出了结论,全球四大快递企业全是采用的直营模式,而顺丰当时采用的是加盟营销模式。

稍微想一下,就可以得知两者之间的优劣势:企业在发展初期,为了能够尽快地扩大市场规模,占据更多的市场份额,加盟营销模式是最好的选择,因为这种方式的成本远低于直营模式。顺丰初期

王卫的谜 顺丰的那套办法

的王卫也的确采用的是这种方法，才让顺丰在资金不足的情况下依然可以快速走向全国，有如滚雪球般的速度。不过加盟营销模式的劣势也相当明显，由于各加盟商自主拥有顺丰的经营点，根本就是顺丰帝国里一个个独立的小王国，虽然顺丰有统一的规章制度，但是加盟商为了自身的利益，才不管顺丰这块招牌的长远利益。因此，一些加盟商为了快速分拣快递，暴力分拣是相当常见的；其次还有在顺丰的运输车上夹带自己接的私货，以谋取更多的利益，而顺丰的主要客户对象是中高端的客户，多数更注重快递的服务质量和速度，夹带一些低端大体积私货，必然会导致快递延时、破损等问题；更有甚者，一些加盟商利用顺丰的招牌经营多年，不仅在下面俨然一个小诸侯国，最后更是直接挖走顺丰的客户，另立山头去了。还有其他很多问题值得王卫去思考。

加盟模式因为加盟者各自为政、管理松散、服务水平参差不齐一度为人诟病。加盟企业的生存与总部的"管控力"息息相关，快递服务全程全网的特性，决定了服务方式是一个快递企业提供优质服务的基础条件，重点表现在统一服务标准、服务产品、服务价格、服务承诺，以及对售后服务过程中产生的问题按照统一标准受理解决。但是，对于众多的点连接而成的快递网络，要想实现"一体化"服务绝非易事，首先就要在规范化管理上下功夫。对于加盟制企业来说，规范化管理遇到的第一个难题就是如何增强总部对加盟公司的管控力。纵观目前加盟制快递企业发展现状，各加盟公司与总部之间除了金钱上的利益纽带之外，基本没有其他共同的奋斗目标，从而导致各加盟公司缺乏共同的信念和责任。

总部通常是通过罚款来管理加盟企业，如果加盟公司没能按照总部制订的服务标准做好快递服务，出现时效不及时、快件损毁、被客户投诉等问题时，总部有权按照公司的相关规定对出问题的加盟公司进行罚款。但是，简单的"以罚代管"并不能从根本上解决问题。加盟企业之所以不能主动做好服务，很大程度上在于对自己加盟的"品牌"缺乏认知，没有珍惜自己拥有的品牌，维护自己品牌声誉的责任感。作为品牌资产的拥有者和创建者的快递公司总部，长期忽视品牌培养和宣传，忽视企业文化建设是问题产生的重要根源。无法上调的服务价格和不断上升的运营成本，可以说是当前所有快递公司面临的最为现实的问题和考验。成本上升的影响对于总部来说尚能承受，但对于加盟公司来讲，却不堪重负。

管理上的问题到后面越来越严重，大量的负面新闻直对顺丰身上，产生的后果就是人们对顺丰感到失望，而快递行业是个非常需要客户忠诚度的行业，一旦得罪客户一次，客户可能再也不会选择顺丰。眼看着顺丰一步步地走向失败，王卫再也坐不住了，经过深思熟虑之后，开始着手解决顺丰的弊病。

王卫首先在2002年于深圳建立了顺丰的公司总部，以此为改革的开端，进而开始全面改革顺丰的运营模式。意料之中，王卫的改革措施遭到了大小加盟商的强烈反对。所以，王卫采取了刚柔并济式的改革方法，一方面强制要求各加盟商将股份卖给他；另一方面对于加盟商以后的福利待遇，给予了相当丰厚的条件。王卫的改革先从广东开始，逐渐推广到全国。由于广东他经营了多年，所以虽然困难重重，好歹还是比较顺利的拿下了。等到推行至广东以外的地区时，加盟商们的反抗激烈得多。不仅如此，同一地区的加盟商还拉帮结派反抗王卫前来"收编"。王卫依然强行推行他的改革政策，在此期间，他受到了部分加盟商的含有警告意味的生命安全威胁。

王卫在困难时毫不退却,哪怕是遭遇威胁生命地恐吓。王卫依然坚持推行着他的改革措施,到了后期还剩下一些"钉子户",王卫甚至开出类似最后通牒的通知,要求在截止日期前,要么把公司股份卖给他,要么就滚出顺丰。

王卫的强势改革,为他带来了杀身之祸,一些加盟商为了一己私利,竟然请了香港的黑社会追杀王卫。不过因为作为当事人的王卫后来也一直不提,所以也不知道到底是谁请的杀手,到底有没有被砍伤,只知道现在的王卫,无论去哪,身边总会有几个彪形大汉保护,可见当年的事情给他留下的阴影。

在扛过最艰难的一段日子后,剩下的一些观望的加盟商也最终放弃了抵抗。王卫用了六年时间,直到2008年才完成全国顺丰营业点的直营化过程,成为我国唯一的一家完全直营化的快递企业。

拿当时的"四通一达"来说,有远见的快递领导人不止王卫一位,而且直营化的优势是相当明显的,是个明眼人都能看得出来,可是为什么"四通一达"会变革失败,甚至连尝试变革的勇气都没有,想来与这些危险不无干系。

至于王卫为何敢强力推行变革,其中性格的影响非常明显:广东人向来做生意是敢为天下先,管你是不是国内没人尝试过,只要是自己认为对的事情,肯定会尝试;其次王卫虽然平时性格淡泊,但是极为喜爱极限自行车运动,甚至因此还说过他的第一职业是山地自行车,第二职业才是快递,哪怕是身上为这项危险的运动打上了钢钉,依然不减热情,可见王卫性格中冒险和硬朗的一面。

顺丰速运所采用的直营模式的核心是:顺丰总部统一对快递员进行管理,由总部客服统一对快递员进行分配。这种模式增强了顺丰对快递员的管控,也将快递员的服务和形象提升了一个档次。与此同时,顺丰为所有的快递员都配备电子扫描器,还为他们提供服务模式方面的培训,为他们创造公平竞争的平台,将快递员这个企业的主力军牢牢稳定在企业基层。

直营化管理之后,与之前实施承包制时相比,顺丰速运公司的整体气氛可谓焕然一新。所有收派员都直接受公司总部统一管理,服务质量也提升了一个很大的档次。与此同时,顺丰速运集团顺势而为,对员工的管理和培养进行了统一而系统的规范,建立了自己独特的人才培养模式。

2.全面直营化,颠覆性创新

早在1975年,国际市场上就已经出现了现代快递行业。联邦快递(FedEx)为整个现代快递行业建立了一种独有的商业运作模式,并在过去的三四十年的时间里进行了多次升级和完善。而中国的快递行业在刚刚起步时,因为缺乏有效的借鉴和学习,呈现了一种山寨形态。

以联邦快递为中心的快递行业商业运作模式,特点是构筑以飞机和转运中心的集中网络化运营;而同时期的中国快递行业的运作模式,则与联邦快递在30多年前使用的运作模式相似。20世纪90年代,西方的快递行业已经摒弃了行业之间较量成本和规模的初级竞争,进入了比拼速度和可靠性的时期;而在中国的快递行业,受消费者需求水平的限制,相对比较简陋的民营快递服务就已经满足了消费者的消费需求。

1986年，中国出台了《邮政法》，包括联邦快递在内的国际四大快递公司只被允许在国际航线上从事快递服务，失去了进入中国市场的机会。与此同时，中国的邮政特快专递服务(EMS)受到体制的制约，没能进行良好的改革，在市场上缺乏发展动力。这就为中国的民营快递提供了一个迅速发展的机会，使之迅速成长为快递行业的主力军。

民营快递的主要配送对象通常是一些商业单据或者对时效性要求比较高的小货物。人们厌烦了整天待在家中等快递的日子，也无法忍受要自己拿着针线去邮局寄包裹。因此，人们已经不满足于过去的那种邮政服务，而想要追求更高效的服务。

最初开展的快递服务是相对比较简陋的，因为采用飞机的成本比较高，消费者无力承担。所以快递公司通常采用汽车加自行车的方式，来满足消费者对时效性的需求。直到现在，仍然有很多快递公司采用这种简陋的服务模式，唯一的进步可能就是将自行车换成了摩托车。

在当今的快递行业，企业的竞争优势主要体现在快递服务的覆盖规模上。简而言之，快递是一个典型的规模化产业，要想扩大客户量和增加客户的忠诚度，快递公司就必须扩大快递服务的覆盖范围。例如，如果你无法为一个客户提供某一个地区的特殊化服务，这个客户会转头就将所有订单服务交给另外一家拥有更多服务网点的快递公司。

因此，为了适应中国市场高成长的发展趋势，许多快递公司就开始全力扩大服务范围，也就会经常出现这样的情况，快递公司在一个地方租一间小的办公室，然后开通一部服务电话，再加上几个快件的配送员，就等于在这个区域开设了一个服务网点。

与之相适应的是,快递服务公司并不追求服务质量,而是尽量降低投资成本,追求利益的最大化。在北京这样比较发达的城市中,许多快递公司创造了一种名为"地铁快递"的运作模式。

快递公司会安排一名员工购买一张地铁车票,并且从早到晚都一直在地铁内,地铁每到一站,他会将在前一站收到的快件,通过检票口旁边的栅栏递给送配件的快递员,同时拿到新的快件,再上车赶到下一站,并再重复之前的做法。这种快递的运作模式虽然是一种山寨形态,但因为市场的广泛需求,"地铁快递"仍然在相当长的时间里保持了较快的增长速度。国内较早成立的民营快递公司宅急送快递公司,堪称是快递行业的一个代表。宅急送在经营策略上一直信奉着"上下通吃"战略,创始人陈平在早年留学日本时就注意到,在日本,许多人购买的生活用品都是通过一种叫"宅配便"的递送方式送到买家手上的。

陈平从日本学成归来后,便效仿"宅配便"创立了宅急送。宅急送在运营初期针对的客户群就是普通的客户群,并且一直将"什么都能送"作为公司的经营理念。因此,宅急送在很长的一段时间里,在本行业中拥有着重要的竞争优势。

飞速发展的市场经济,开始向以第三产业为经济主体的经济形态迈进,而第三产业的重心就是服务业。能否在未来的市场竞争中占据优势,取决于对服务营销的重视程度。而顺丰速运正是看到了服务营销未来的发展趋势,抓住机遇,大胆采用服务营销的经营模式,为自己在未来的行业发展中打下了坚实的基础。

顺丰在2000年经历了几次大事故后,创始人王卫痛定思痛,终于决定放弃松散且不易管理的加盟制,并在之后的几年里,收回了公司的股权。

对于一家快递企业来说,可以有一万个理由支持直营化,譬如便于标准化管理,易于提高整体服务质量,方便总部整合快递网络,统一配货和运输,等等。事实也的确如此,直营化是快递企业发展到成熟期最好的选择,从国际快递巨头们全都选择直营化就可以看到未来的发展趋势。从理论上讲,直营化唯一的缺点就是需要消耗大量资金,顺丰初期时王卫是没钱,而对于1999年的王卫来说,当时钱却已经不是太大的问题,资金方面完全具备变革的基础。

不过王卫在采取行动之前也并非没有犹豫,毕竟国内还没有人采用全直营式的快递公司,而且虽然当时加盟商给顺丰带来了不少麻烦,但王卫也同样体验着顺丰高速扩张的快感,一旦变革,顺丰的规模扩张不可避免地会慢下来。还有就是要说服大量顺丰在各地的分公司的加盟商们,让他们变身为职业经理人,而非顺丰营业点的所有人。

最大的困难就是说服加盟商放弃营业点,变为职业经理人。这其中的困难也很好理解,在中国人的思维中,正所谓"宁做鸡头,不做凤尾",每个顺丰营业点虽小,但是每个加盟商都是自己说了算,拥有完全的自由,基本不受顺丰总部任何限制。但是一旦转化身份,作为职业经理人,那不过是千千万万个顺丰营业点经理人中的一位,而且面临严格的公司制度,更有审核制度,面临开除等危险,这是每个加盟商都不愿意面对的结果,不过这还多是感情方面难以接受。其次是直营化严重损害了部分加盟商的利益,如果没有直营化,有着自决权的加盟商完全可以在运输过程中夹带私货等赚外快,但是一旦顺丰实现直营化,就是绝无可能的事情了。

当时摆在王卫面前的只有三条路可以选择:第一条路最缓和,那就是继续保持加盟营销模式,在此基础上增加一些有效的奖惩管理措施,譬如末位淘汰制度,以此清除一些完全不符合顺丰要求的加盟商,以达到杀鸡儆猴的效果。同行业内其它快递企业基本都是采用这种方法来管理加盟商;第二条路是折中的办法,既保持加盟营销模式,也在部分营业点采用直营模式,尤其是一些中心城市的中心中转场,相当于卡住整个快递网络的咽喉,其他地区的加盟商自然能够受制于总部。这种方法直到今天依然被一些业内领先的民营快递公司所采用;最后一条路则是王卫走的路,一条至今只有他走过的路——全面直营化。

最终,顺丰速运冲破重重阻挠,完成了公司的组织改革,建立起了与中国邮政相媲美的直营网络。直到今天,国内的大多数民营快递公司仍然运用加盟制来设立网点,尽管他们早就明白这种体制并不能改善快递行业服务可靠性的问题。

在国内许多快递公司看来,顺丰为了放弃加盟制而付出的代价是不值得的。因为他们大都认为,在整个快递行业迅速发展中,可见的利润还很多。

但是顺丰却选择牺牲这些眼前的利益来提升有限的速度和服务的质量。虽然,就当时的情形来看,这些对于客户来讲并不特别重要。但是,2003年,快递行业却迎来了一次颠覆性的变革,证明了顺丰速运当时的决策的正确性。实际上,在这场颠覆性的变革中,顺丰成了最大的受益者。

3.顺丰"与众不同"之谜

快递行业是个入职门槛非常低的行业,它并不需要有多专业的知识或者多高的学历,不管是三四十岁的下岗工人,还是高中刚毕

【王卫的谜·顺丰的那套办法】

业学生、初出茅庐的小伙子，都能从事这一业务。那么，当就职人员的文化水平几乎完全相同时，是什么决定了顺丰的与众不同？

顺丰是一个鲜见广告宣传的企业，尤其对一些不了解快递市场的人来说，没有听说过有顺丰这家快递公司也不足为奇。但就在这低调之中，顺丰默默地拿到了最多的业务，成为许多客户的首选快递。将顺丰打造成拥有如此强大实力的企业的，就是每位员工的服务，而顺丰也通过这种独特的服务营销，成为了真正的快递帝国。

当顺丰开始向全国扩展时，并没有足够的资本将营业网点开遍整个市区。当时北京的整个朝阳区就只有一个顺丰营业中心。

顺丰人为了将一件货物安全地送到收货人手里，骑着自行车，一路从国贸骑到了昌平，骑差不多47公里。随着时代的转变，当时的员工现在已经难觅踪影，可是这样的精神却被继承了下来。而今的顺丰员工，在为顾客服务上的确做得比国内不少民营企业周到。

为了尽力在服务方面做到最好，顺丰开辟了高科技服务系统。依赖于这套系统，就算营业员态度不够好，没有做到服务全程微笑，顾客仍然可以从这套系统中感受到顺丰作为民营快递领头羊的实力。这套系统包括员工以最快的时间收发货物，顾客可以在网上全程把控货物的运送情况等服务，这让许多人感到非常贴心。尽管别的快递公司也采取了这类做法，但是他们往往做得不如顺丰精细。

不少顾客在对比之后发现，许多快递只能查询到货物前几个小时乃至前一天的动向，对于自己的货物现在到了哪儿，则完全一无所知。但是在顺丰的系统上，顾客可以清晰地了解到自己的货物现在正位于什么地方，处于运送过程中的哪一个位置。快递业始终带有服务性质,员工能够给顾客提供怎样的服务,会决定顾客未来的选择方向。做服务行业的人都知道,顾客在细节上享受到的体验,能够成为其超越同行的决定性竞争力。最终决定客户如何选择的,也就是那些看似微不足道的一点一滴。

在这部分,顺丰会比其他公司多考虑一些。每当货物安全送达收件人处后,工作人员都会再停留五分钟。在这五分钟里,他会将刚才收件的时间和收件人姓名仔细记录,随后发送给寄件者。这不仅让顾客更加安心,还能够及时发现出错,方便立刻追回货物。但是其他快递公司就没有这样的要求。除此之外,顺丰的客服部门也井然有序。这个部门的工作人员全是年轻的女孩,并且统一着装,全部白衬衣和黑西装。她们在各自的小隔间里工作,戴着耳机耳麦,整齐划一,尽管各自都在轻声说话,但却没有特别凌乱的感觉,反而给人留下整齐划一的印象。

王卫把服务当成公司最好的营销,这种经营态度也是华为总裁任正非所推崇的。他认为:"要坚持对客户的长远的承诺,对优良供应商的真诚合作与尊重。客户的利益就是我们的利益,通过使客户的利益实现,进行客户、企业、供应商在利益链条上的合理分解,各得其所,形成利益共同体。只有帮助客户实现他的利益,在利益链条上才有我们的位置。"

实际上,快递产业的服务情况非常不好判定或者划分等级。不同的顾客对不同的派件员会有完全不同的看法,就算是相同的派送员、相同的言谈举止,不同的顾客也会有完全不同的评价,因此想要让所有顾客满意是不可能的。

王卫讲了他管理顺丰集团的过程中遇到过的一件事。

由于顺丰的管理一直非常公开和透明，除了特殊的大客户，打折都是几乎不可能的，更不用说给客户回扣。但在浮躁、功利的社会环境中，不仅快递行业，可以说几乎每一个行业都充满了潜规则。而顺丰的"不配合"，无疑影响了一些人的利益。

王卫就曾经接过一个客户的电话，说他下面的员工反映顺丰的快递速度不行。由于顺丰在快递运输的每个环节，都尽可能地保证了速度实现的最大化。所以王卫认为不太可能，就请客户亲自试用顺丰寄件来验证一下。事实证明，顺丰的速度并没有问题，是那位老板的员工传达了错误的信息。但不久，这位老板的员工又向他反映说，顺丰快递员的服务态度不好。

由于快递行业主要为劳动力密集产业，顺丰的快递员人数众多，监管也不可能保证面面俱到。所以，王卫特地派人进行调查。这件事还未查明，这位老板又打来电话，气愤地说，"一个快递3天都没到，客户都投诉了。"王卫派人查询了快递单以后，发现快递寄出的时间比老板的员工说的时间晚了一天。接二连三发生这样的事情，这位老板也很意外，不明白员工为什么会这么针对顺丰。当王卫跟他讲明事情的缘由之后，他便坚定地要求员工，以后不管有怎样的理由，都必须用顺丰。

企业跟客户之间其实是一个双向选择的过程。一方面，作为企业，你不可能跟每一个客户解释自己的原则，也会因为价格等因素放弃一些客户；另一方面，客户也会基于自己的考量而决定是否跟你合作，最终他所选择的肯定都是他认为物超所值的服务。从长远来看，企业所获得的是一批稳定、优质、有价值认同感的客户。

营销界流传这么一句话："客户要的不是便宜，要的是感到占了便宜。"而要让客户有这样的感受就必须提供良好的服务。在充满竞争的市场环境下,越是服务质量好的企业越能获得庞大稳定的客户群,这样才能获得长期效益。创业者要想获得创业的成功,最好把客户的利益放在第一位,为客户提供最好的服务,这才能为企业的发展创造更多的机会。

4.快递界的"麦当劳"

在"四通一达"中,申通快递的发展势头和市场份额都不错,能够站出来和顺丰PK一下。申通是江浙沪地区的快递小霸王,其他地方也遍及它的业务。与另外的"三通一达"相比,申通在服务质量和速度,以及业务的多元化上都占有相当的优势。

和顺丰相比,申通快递价格便宜,具有一定的优势,如果从北京往上海寄一个普通快件,顺丰需要22元,申通只需要16元。国际快件的价格差距则会更大,北京到新加坡的普通快件,顺丰价格为140元,申通价格只有50元。

在低价优势之下,申通的营业额一度曾超过顺丰,2006年的营业额为36亿元,比顺丰的营业额多8亿元。不过企业发展如同跑马拉松,下一个路口就可能被别人赶超。2010年,申通营业额为80亿元,比顺丰的营业额少了50亿元。申通被赶超,甚至和顺丰的差距越拉越大的根本原因是服务水平上的差距。

在国内所有的民营快递中,顺丰速运的价格要是称第二,就没有哪家快递敢称第一。顺丰的递送价格规定,只要包裹总重在1kg内就是20元,超过1kg就要额外算钱,而且顺丰的快递价格从来都不能还价。随着市场竞争的日益激烈,诸多快递公司纷纷打起了价格战,以抢占更多的市场。但是顺丰速运却在这场战役中始终沉默,仍然坚持走高端精品路线,将市场指向高端消费群。

在一个行业的市场细分不是很明朗的时候,高端消费群体也就意味着"小众市场"。要在这种"小众市场"中始终保持核心竞争力,对企业本身来讲就是一个巨大的挑战。

而顺丰速运之所以能够在竞争日益激烈和产品服务愈加成熟的今天实现撇脂定价战略,关键就在于顺丰提供的服务与竞争对手存在差别化。顺丰速运在明确了发展目标之后,将自己的产品价格体系进行了细分,将客户群锁定为中高端消费者。同时,顺丰速运为自己设计了简单易记的服务产品:实行上门送货,全国联网,36小时内送达。所以,直到今天,顺丰速运除了收费标准提高了,运送时间缩短了之外,产品定位始终保持不变。

服务水平好与不好谁说了算?当然是客户,也就是客户用了你家的快递心情好不好。能够影响客户心情的因素中最重要的是快递速度。顺丰快递有自己的专属运货飞机,他们会给客户承诺,今天寄出,明天就能收到,地方较偏的就要延长一天。大部分申通快递则要隔一天才能到达。除了快递的寄送速度,快递员的上门取货速度以及服务态度等也会影响客户的心情。在这方面,申通收到的投诉要远远多过顺丰。

虽然申通的低价格吸引了一部分客户,但并不能因此胜过顺丰,因为服务水平的高质量才是决一胜负的关键。从快递行业专业的统计来看,不管是投诉率还是业务种类,快件的安全度还是增值服务,申通都要略输顺丰。两家快递公司服务水平上的差距,根本原因在于运营体制的不同,申通的加盟式输给了顺丰的直营式。

加盟模式,是指加盟总公司与加盟店之间是合约关系,共同管理一个品牌。但是,他们各自独立负责自己的经营,最终将盈利按照合约规定的比例来分。在分割利益的同时,加盟商也需要在前期投入一定比例的资金,这在一定程度上可以降低双方的投资风险。与之对应的,各自经营决定了资本的集中程度较为低,决定了总公司很难管控加盟商的运营和管理,决定了难以建立统一、高标准的品牌服务水平。

快递公司的加盟式运营也难逃这样的问题。快递的总公司向外发布的是一次性的指令,也就是一次性付出到达的费用,比如送到某城市的某个区。加盟后,一个城市的不同区之间是不同的加盟商,快件并不能一次性到达指定区域,而是要经过几次中转,这就增加了很多费用,这个费用就要加盟商自己来承担。

于是,快递业出现了加盟要免费地给总公司派送快件的情况,这就意味着加盟总公司和加盟店之间的利益分配不均匀。很多加盟商就要求补偿,不然就以扣件来作为要挟,还有的是向客户收取一笔"转嫁费",作为转区的补偿。经常有客户很久没有收到快件,打电话咨询,得到的答复就是"您的快件不属于我们区,转到您所在的县需要额外支付一笔转嫁费"。很多人为了拿到自己的东西,只得忍气吞声地为这种不合理的情况付费。

利益分配出现问题后,到客户那里的末端服务必然得不到保障,这也是为什么很多快递员服务质量很差,还不怕被投诉的原因。

国内几个较大较知名的快递公司中,只有中国邮政速递和顺丰是直营式,其他的如"四通一达"都是加盟式的。这其中最有能力与

【第五章 顺丰的商业模式:唯一一家完全直营化的快递企业】

顺丰PK的申通,在其他方面都很有优势,但就是服务水平上难以与顺丰抗衡。申通总部肯定想过要对这种方式进行管理,但是被困于加盟的死穴之中,管理上很难对加盟商进行管控,所以总部就成了消防队,只能接受客户的投诉,说几句好话救救火,却不能从根本上杜绝这种情况。

顺丰采用自营的模式,由王卫集中管理。王卫规定所有分公司统一听从总公司的安排,包括各项费用的调配、公司发展战略、员工招聘与解雇以及公司资源的运用,直营的方式避免了分公司与总公司间的利益冲突,保证王卫的战略和规章能够落实到服务终端的每个人身上,保证了王卫命令的快速传达,快递员呈现标准规范的操作流程,以及优秀的处理业务的能力。

直营模式下,王卫设立了全国统一电话,拨打这个电话,不管你在哪个城市的哪个角落,一小时内一定会有顺丰员工上门服务,于是人们将顺丰戏称为快递界的麦当劳。

5.物流信息化管理,打造美味"鱼汤"

要做一碗鱼汤,首先必须要有非常充足的高质量食材,其次要按照标准的程序进行烹调。领导一家公司也是同样的道理。

在仓储环节,顺丰的全自动分拣系统能连续、大批量地分拣货物并不受气候、时间、人的体力等的限制,可以连续运行。同时由于自动分拣系统单位时间分拣件数多,因此自动分拣系统每小时可分拣7000件包装商品,如用人工则每小时只能分拣150件左右,同时分拣人员也不能在这种劳动强度下连续工作8小时。而且,自动分拣系统的分拣误差率极低。自动分拣系统的分拣误差率大小主要取决于所输入分拣信息的准确性,顺丰的全自动分拣系统采用条码扫描输入,除非条码的印刷本身有差错或损坏,否则不会出错,系统识别准确率高达99%。

在运输环节,GPS对车辆的动态控制功用,完成了运输过程的透明化管理,可以对运输方案、车辆配置及时中止优化,运输成本综合降低25%。

另外,在为电子商务客户服务方面,顺丰通过信息化与电子商务客户之间的系统实现对接,同时以安全、快速的客户体验赢得了电子商务企业与个人客户的逐步信赖,深刻地改变着网购快递的使用习惯。仅近期,顺丰网购收入增长率就超过70%。

顺丰主打的是"快"的招牌,在快递企业中,顺丰的速度也一直令其他快递企业望尘莫及。在信息化时代,必须要在速度上超越其他同行才可能赢来最好的机遇。

顺丰之所以能够做到这一点,全依仗于王卫打造出的信息化管理机制。而将这道机制烹调成美味的,就是王卫不惜花重金买下的高品质"食材"和他倾尽心力打造出的标准化程序。

首先要说的就是顺丰员工人手一部的HHT手持式数据终端,通过这个终端,顺丰的每一个员工都可以将自己接下的订单的具体情况全部输入顺丰的主系统,简单省事。再就是每辆顺丰送货车上配置的GPS全球定位系统,通过这个系统,能够实现对货物位置的精确把握,不仅方便了顾客查询货物位置,而且如果货物在运输过程中出现问题,还能快速找到责任人。然后还有自动分拣技术,这个技术可谓是顺丰能够达到高效运营的关键之一。

通过对自动分拣技术的应用,顺丰成功实现了全天候24小时无差别自动分拣。跟其他快递公司相比,这个技术节省了大量人力资源,节省了更多的时间,这也是顺丰能够如此之快的最大原因之一。

要想烹制"美食"还需要葱姜蒜等烹饪的"辅助食材",它们就是条码技术和GPS技术。通过条码技术,顺丰的员工达到了普通快递不能具备的迅速收件过程,同时方便了送货时的数据录入。

货物从仓储中心进入分拣,不同的负责人就会在条码上刷一下,系统就会自动更新该货物的运送情况。而GPS系统则方便了顺丰员工之间、员工和区总部之间的信息沟通,不再需要中介进行交换。数据库系统又分为业务核心系统、客户核心系统、财务核心系统。

在这三个系统里,将交易过程进行拆分,重新规划,不管需要哪一方的信息都能够得到有效快速的解答。

顺丰还设计了一套优秀的"烹制流程",这个流程被命名为"全生命周期管理系统"。

首先是快递的收派环节。这是快递工作的重中之重,是顾客直接与工作人员,直接与公司对接的核心环节。这个环节是否可以做到令顾客满意,直接影响着顺丰在顾客心中的形象,决定着顾客是否还会继续使用顺丰速运。

在这个环节里,如何做到高效迅速,如何做到更快,也因此成为一个非常重要的问题。而手持终端系统在此时就派上了非常大的用场。通过对这一系统的使用,配合数据库系统,就能够顺利实现信息化管理的初步"烹调"。这个过程类似于烹制鱼汤时先将鱼略煎一下的工作。其次是仓储环节。在这个环节里,顺丰的自动分拣系统发挥了非常大的作用。通常情况下,在一份快递运送的过程中,分拣占用的时间相当多,如何能够迅速分拣,同时不能出现信息的差错就是每个快递公司必须要解决的问题。接下来就是运输环节。在这个环节里大展身手的就是GPS定位系统了。作为客户,尤其当运送贵重物品时,总希望能够完全把控物品的一举一动,最好所有的进程都在自己掌握之下。而王卫正是针对这一点,作出使用GPS的决定。为了方便顾客随时查询货物的具体情况,条码技术也担任了非常重要的角色。通过对这些基础"食材",即手持终端、自动分拣系统、GPS系统和"辅料",即条码技术等的充分应用,顺丰已经成功打造出一碗像模像样的"鱼汤"了。只是这汤,还尚缺少许"作料"。

除了以上三个环节之外,全生命周期管理系统里还有客户环节和报关环节。没有客户,就没有顺丰的业务;没有客户的反馈,就没有顺丰的提高。因此数据库的建立显得格外必要。

通过对数据库内三个系统的把握,顺丰的工作人员能够不费吹灰之力地知道每一个订单的对应客户,每一个不满的投诉来源。这不仅能够方便扩展更多客户,开启更多交易,还能够准确找到出错误的具体环节。而这就是让"鱼汤"达到更优品质,变得更加鲜美的"作料"。若是没有这一整套的系统、没有这些关键技术,顺丰的高效信息化管理就无从谈起,而王卫也无法做到对公司每个人的工作情况了如指掌。

顺丰敢于率先使用高科技技术的举措,大大拉开了与国内其它快递公司的档次。但是,顺丰速运并没有自满,在其发展过程中,一直坚持技术的革新和系统的完善。

6.一件顺丰快递的追踪过程

顺丰快递的任何一天，都离不开两个数字，一个是以百万计的快递量，一个是20多万的员工数目。这么庞大的系统是如何正常高效地运转的呢？

下面，我们就通过数据和监控来对其进行追踪。

从客户拨通顺丰的客服电话4008-111-111开始，其快件的"顺丰之旅"就已经开启了。该客户的订单的信息进入庞大的数据库之后，至少要经过10道程序，其发出的包裹才能送达收件人手里，但这个过程的用时可能只有12个小时。

目前，国内的顺丰速运网点的数目已经远远超过了5000个。每天，这些网点的工作人员都需要对快递包裹的信息进行实时监控及管理，以实现物流、信息流、人流和现金流的无缝对接，而支持这个强大数据中心系统的开发和运营的，是顺丰速运的一支2000多人的精英团队。

顺丰集团的数据服务中心位于顺丰总部在深圳的办公大楼当中，而那里也正是整个顺丰速运的中枢，是管理最为严格和保密级别最高的地方。

虽然，顺丰20多万的员工中有60%都是一线快递员，但与其他快递公司有所不同的是，顺丰并不能单纯算作一家劳动密集型的公司，这从顺丰一线快递员的配置上就可见一斑，黑灰色的制服、黑色的背包、巴枪。

当客户登录顺丰官网或者拨打顺丰的客服电话之后，呼叫中心的客服人员便会将客户的订单需求录入信息系统。而客户的订单需求则会通过数据中心发送到负责该客户所在地址配送范围的快递员的巴枪上。根据顺丰收1派2的标准，不超过1个小时，顺丰的快递员便会出现在该客户面前。

目前，顺丰快递员所佩戴的巴枪，外形类似POS机，是由顺丰内部工程师与清华大学共同研发的，使用的是HHT4系统，不仅具备了3G手机的基本功能，支持GPRS、WiFi、蓝牙，可以拍照，还可以作为终端机，集合了整个公司的全部IT系统功能。顺丰的每名快递员都有其专属的巴枪，可以说，它是带有业务员个人ID的信息入口。而快递单经过巴枪扫描后会形成一个特定的条码，这个条码也就是快递单的跟踪凭证。

在快递员将客户订单的信息录入巴枪之后，无论是该快递员所属的分部还是顺丰总部，将会同步收到寄件人、收件人、寄件地址、收件地址、收件员、价格等关于该订单的所有详细信息。然后，系统会产生一个运单，并自动传入快递信息系统。

在这样的数据系统监控之下，便不可能出现快递被快递员私藏的情况。因为，在这个系统当中包含了一个相当严格的内控系统。如果快递员故意在收件时不扫描该快递单号的话，那么快件到达下一站分拨中心时，就无法被分拨中心接受；而如果某一环节的工作人员发现该包裹破损后，可以提前报备，这样也便于公司追究直接负责人的责任。

下一步，客户的快件会被带到分站点进行分拣。而在各级分站点，从早到晚都有多辆转运货车在等候发车指令。而且，货车的发车间隔是固定的，这样便不会出现快递被积压延误的情形。

在顺丰大大小小的中转场，分拣员的分拣会被完全监控。根据顺丰公司的要求，如果发现分拣员分拣时扔件的距离超过30厘米，该分拣员就会被扣分；而扣分的同时，还会有50元罚款。扣分的处罚不仅与每个月的考核联系，更与年终奖和工资挂钩。所以，严格的监控和管理保证了顺丰速运的损件量最少。

除分拣员参与分拣外，顺丰速运还有全自动的分拣系统。在全自动的分拣系统当中，机器能够自动识别出目的地代码，然后由流水线送到指定的区域，保证要送往同一区域的快件被打成大包裹，运往同一地点。紧接着，打包好的大包裹将统一发往分拨中心，然后通过汽车、飞机等运输工具送到目的地的中转场，再由目的地中转场细分下去。对各个大城市而言，只需要粗略分流即可，如按华南、华东、华北、东南、华西、华中区分。

顺丰的快递一般有陆运和航运两种，省内快递和一些无法航运的物品如化妆品等通过陆运，而其他物品都采取航运的形式。

顺丰自有和包租运货机的数目在国内都是首屈一指的。顺丰航运主要有4条航线，包括西南、北京、杭州、山东，几乎能够覆盖全国的大部分区域。

对于不能使用航运的陆运快件，对于司机运送货物途中这个最不可控的环节，总部的信息系统依然在实行监控。每辆运货车上都装有GPS，能够通过数据对接器与分拨中心和深圳总部相连。所以，车辆所走的路线以及是否安全等完全在数据信息系统的掌握之中。

经过途中的运送后，快件到达目的地的分拨中心，再由分拣员分拨到具体的某个站点，而最后，该站点的快递员会在两个小时之内将快件送到收件人手中。

快件经由顺丰寄送的整个过程的所有细节，如中转场、人员、车辆、快件运行情况等，都可以从总部调度中心的快递信息运作系统中实时调出查看。客户的任何一个投诉，都可以通过追踪找到问题所在。

曾有另一家国内较大快递公司的代理商不无遗憾地表示，虽然他们也引进了巴枪,但是却无法像顺丰那样拥有一整套信息运营管理系统。而且,由于快件太多,分拣员压力大。所以乱扔现象严重,物品的毁坏率比顺丰高出很多。由于质量和速度都无法与顺丰抗衡,只能降低价格吸引客户。

其实,顺丰的信息系统之所以能够如此高效地运行,与顺丰坚持直营模式也有密切关系。

与其他国内竞争对手大多采用加盟方式不同,顺丰多年来坚持直营,坚持统一质量、统一管理。毕竟,快递公司之间存在业务横向关系,所以并不一定适合加盟模式。而且,综观已进入世界500强的快递公司,没有哪一家采用的是加盟模式。与加盟模式相比,直营模式更适合快递企业一体化、标准化、集约化、品牌化、国际化、自动化的发展趋势。

7.拒绝并购,做生意不纯是为了钱

王卫在成立顺丰之初,并没有引起外人的注意,哪怕是在已经垄断整个港澳与广东省快递业务时,依然不为大多数人所知。不过顺丰能瞒过普通人,甚至同行,却躲不过海外PE(私募股权投资)和VC(风险投资)敏锐的嗅觉。甚至在1995年之前,就有海外资本在寻找王卫,希望能买下顺丰的全部股权,但是王卫则完全不露面,跟投资人玩起了捉迷藏。有的投资人甚至开出高价,只为和王卫谋一面,依然没有成功。

国际快递巨头荷兰天地快运（TNT）盛传早在1995年就曾与王卫接触过，不过最终的结局也是被拒绝。天地快运为了配合进入中国快递市场的需求，退而求其次，最终在1995年收购了华宇物流。华宇物流在当时也是国内顶尖的陆路运输公司，TNT通过对华宇物流的收购，轻而易举地获得了一千多条运输路线，十七万多家客户。可是TNT最初的选择依然是顺丰速运，可见顺丰的潜力。

进入2000年后，顺丰进入发展高峰期，前来寻找王卫的投资人更是络绎不绝。王卫依然如一棵咬定青山的山竹，硬是全部拒绝。2003年，另一家国际快递巨头联邦快递（FedEx）也看上了顺丰速运，出资高达五六十亿元进行收购，而当时的顺丰年利润不过十多亿元，王卫依然没有接受收购。

最终联邦快递寻找到了下一个目标——大田集团。大田集团是集海陆空物流于一体的综合物流集团，联邦快递也因此获得了大田集团覆盖全国接近六百个城市的运输网络。

进入2007年，国际快递企业的资源整合行动进入高峰期，美国联合包裹（UPS）也开始大规模地增加国内快递网络建设，给国内民营快递企业施压。同时，嘉里大通也积极铺设国内的公路物流网络。而国内传统的快递企业，为了加快发展脚步，也开始了大规模地并购行动。申通快递也随着快递行业脚步，收购了海航旗下的天天快递。所有以物流或者快递为主营业务的企业，均开始向着大物流方向前进，很少有企业拒绝改变，拒绝进入大物流行业。但是顺丰依然没有改变，硬得有点不合群，像块石头。

王卫领导下的顺丰不仅拒绝并购，甚至在进入大物流这一集体活动上表现得相当不积极。对于拒绝外资收购，甚至入股这一事情上，王卫有着多方面的考量：

首先王卫在感情上就不太能接受，顺丰由他辛辛苦苦一手营造，完全有种像父亲对于孩子的感情，卖掉的话，心理上的坎，难以迈过去；其次是王卫认为顺丰在未来依然有强劲的发展动力，内地的快递市场也依然还有很大的发展空间，外资所开出的价码，完全低估了顺丰和未来顺丰的价值。王卫始终存在一种朴素的爱国情怀，认为顺丰是民营快递的骄傲和标杆，他不希望为了钱而失去这一宝贵的品牌。

至于企业扩展业务，进入所谓的大物流行业，王卫也认为目前的顺丰业务足够他去发展，依然还有很多可以提升的地方。正所谓贪多嚼不烂，贵精不贵多。快递业务作为主营业务，踏实做好这一项业务，完全可以做到最出色，赢得人们的信赖。甚至从顺丰进入全国发展阶段以后，就可以隐约看出王卫的目标，他很少参与国内民营企业的竞争和争论，只是一步步地按照自己的规划，带领顺丰走向全球。其实谁都能看得出，王卫并没有把"四通一达"(申通、圆通、中通、汇通以及韵达)作为竞争对手，他心里真正的对手是国际四大快递巨头。

为了实现自己内心的这一目标，王卫自然不会把顺丰拱手相让，哪怕是外资投资，他都难以接受。在他看来，任何外资的注入，都会导致顺丰的决策层会受到外资影响，进而影响到王卫做决定时的独立性。

王卫做生意不纯是为了钱，除了钱，他还有更多的目的。在2011年7月的顺丰内部讲话中，王卫说出了钱之外的目的："每个人都有自己经营企业的目的，可能随着企业的发展，这个目的还会发生变化。就我个人而言，经营企业的目的可能有点理想化，不完全是为赚钱。顺丰的愿景是成为最值得信赖和尊重的公司。我们不追求行业排名,也不求一定要做到多大,而是希望我们的人和经营行为都能被社会信赖和尊重。我觉得企业跟人一样,如果能有一些理想,做事的态度和结果可能会完全不同。就好像为赚钱而画的人,同只求温饱、为追求艺术而画的人相比,他画画的方式和最后出来的作品肯定不一样。有艺术追求,就会有执着,它会推动你不断给自己挑毛病,不断改进。所以我总觉得,企业要想取得长远发展,还是要有一点艺术家气质,而营业额可能是水到渠成的事。"

如今国内快递市场尚在起步阶段,依然还有巨大的市场可以开发,而且顺丰已经顺利成为民营快递企业的龙头老大。王卫自己又仅仅四十岁出头,正是年富力强的时期。心中有抱负的王卫理所当然地更希望通过自己建立起新的快递王国,让顺丰快递成为像国际快递巨头一样的百年老店。

8.让资金流、信息流和物流三流合一

2011年,顺丰总裁王卫曾经表达过自己对物流行业的看法,他认为,国内的物流业正处于高速成长而又细分的关键时期。在这样一个时期,顺丰的战略是:让资金流、信息流和物流三流合一,走出一条不同于国内任何一个快递公司的新模式。

其实,作为一家快递企业,顺丰随着不断的成长和完善,已经具备了资金流、信息流和物流方面的足够实力。如果能够将其整合的话,那么,顺丰也将拥有完整的供应链体系,甚至有可能成为第二个沃尔玛。

目前,顺丰速运正在向两个方向快速扩张,向上是电商以及第三方支付;向下则是社区便利店。那么,顺丰在快递领域的成功经验,能否复制到这些新的领域?顺丰"三流合一"的协同效应能否达到预期的效果呢?

作为国内民营快递公司中最具有远见卓识的代表,顺丰速运早已将电商纳入了自己的战略规划当中。

自2010年起,顺丰不断积极拓展电商业务,推出了一系列电商网站,并接连获得了两个第三方支付牌照,这足以彰显出顺丰在电商领域的野心。

2010年7月,顺丰旗下电商网站"顺丰E商圈"低调投入运营,该网站主要出售商务礼品、母婴用品、茶叶、数码等商品;2011年12月,"顺丰宝"正式获得央行颁发的第三方支付牌照,有效期至2016年12月21日;2012年3月15日,顺丰宣布将推出高端电商平台"尊礼会",这是一个定位于中高端商务礼品在线销售的服务平台,入驻商品涵盖了商务、办公、工艺、数码、茶烟酒、非物质文化遗产等10多个品类;2012年5月31日,顺丰旗下电商网站"顺丰优选"正式上线,这是一家以提供全球优质安全美食为主的网购商城,致力于为消费者提供全方位的一站式美食服务;2014年7月,顺丰旗下的金融交易平台"顺银金融"也获得了由央行发放的银行卡收单牌照。

作风低调的顺丰速运步步逼近电商领域,其实是谋划已久的策略。早在真正行动之前,顺丰内部就已经开始研究进军电商行业的可行性。

与国内其他同行业竞争对手相比,顺丰显得颇为特立独行。由于顺丰坚持速度和质量至上,坚持尽量采用航空运送,所以其运送价格也比竞争对手高出不少，不容易受到传统电商的青睐。以2010年的业务为例，当年顺丰的电子商务包裹仅占其整体业务量的8%左右。

不过，高度依赖电商的"四通一达"等快递企业的日子也并非高枕无忧。由于业务量过于依附电商，这些快递公司在运送价格方面逐渐丧失了话语权，生存空间一再被压缩。

虽然电商物流的业务并不好做，但在电商一片火热的形势下，如果放弃电商物流，那么顺丰在激烈的竞争中处境也会十分危险。2010年，顺丰和中邮速递（EMS）加在一起，平均一天的包裹量还不到400万单。而当时的实际情况，仅淘宝一家电商一天的包裹量就达到了700万单。所以，顺丰不可能无视电商这个巨大的市场。在过去的几年里，顺丰曾经进行过一些尝试。例如，成立专门的电子商务物流部门，但进展却不尽如人意。对此，王卫认为，顺丰已有的业务适应当时公司的发展状况，而且，顺丰中高端的业务定位与善打价格战的低端电商物流的业务不相吻合。

虽然顺丰对电商物流的态度非常坚定，但一方面由于用工成本和油价不断上涨，顺丰集团的快递业务利润正在下降；另一方面，市场格局发生了深刻的变化。2011年1月，马云宣布了阿里集团的大物流战略，表示将在第一期投资100亿元人民币，打造一个开放的物流平台。京东也宣称将2010年融到的15亿美元的一半投放到物流建设中。

当电商巨头们纷纷开始往"下"走的时候，本就处于"下"端的快递公司也许应该为自己的生存谋出路了。

对顺丰而言，试水电商不仅能够带来新的业务增长点，而且可以培育一个强大的供应链管理体系，为其他电商客户提供服务。电商本就是快递的主要客户，如果顺丰的电商能够做好，未来大可以通过剥离业务或者合资等手段，来规避同行业竞争的麻烦。

第六章

扩张战略,顺丰接下来还有什么动作

1.从"小步慢跑"到"野蛮生长"

2013年,受网络购物发展的拉动,中国的快递行业得到了快速的发展。而作为国内快递行业的引领者,2013年,顺丰集团更是猛然发力,实现了疯狂的扩张。根据顺丰官网所公布的数据,整个2013年,顺丰速运的服务范围总共扩展了27个地级市、629个县区。也就是说,短短一年间,顺丰的服务网点就从4000多个扩充到了6000多个,覆盖了中国大陆31个省、自治区和直辖市,300多个大中城市,以及1900多个县级市或县区。

从以往的"小步慢跑"到目前的疯狂扩张,顺丰速运此举着实出人意料。也许,这是连顺丰人自己也不曾想到的事。因为,这一年实际增长的网点高出原计划的4倍还多。不过,疯狂扩张过后,顺丰的步伐也许并不会放慢,甚至会更快。据按照业内人士的推测,顺丰的目标是要将服务网络覆盖到全国2800多个县级区域,营业网点扩充到15000~20000个。

分析顺丰速运此番的发展战略,你会发现它的意图十分明显,那就是,使自己服务网络的广度和密度能够和中邮速递(EMS)相抗衡。截至2013年,中邮速递(EMS)在国内已有6万多个网点,远非其他快递企业短期内所能够望其项背的。但是,由于顺丰速运在经营效率和管理水平方面的优势,如果能够合理布局和规划,那么网点总数也许只需达到中邮速递(EMS)三分之一的数量,便能够与其一较高下。因为与一般快递公司有所不同,顺丰速运坚持采用"直营"模式,在网络质量和服务体系方面优势明显。一旦顺丰将这张"超级巨网"拉开,那么必然含金量极高,到时候,不仅打破中邮速递(EMS)的规模壁垒不成问题,还可以顺势使其他同行竞争对手再难以与之抗衡。

另外,还有一点也不容忽视,那就是顺丰的国际服务网络也在不断延伸。目前,顺丰在新加坡、韩国、马来西亚、日本、美国等地的营业网点甚至也已经做到了将近全境的覆盖。

除快递业务外,顺丰集团从2012年7月开始新增的"仓储配送"业务,也正在大肆扩张。根据顺丰官网所提供的数据,目前其现有仓库分布在全国26个城市,包括北京、上海、深圳、广州、南京、厦门、福州、温州、嘉兴、杭州、重庆、青岛、长沙、武汉、南昌、莆田、泉州、潍坊、绍兴、金华、无锡、昆山、佛山、东莞、石家庄、宁波,覆盖了华北、华东、华南、东南、华中等大部分区域。

顺丰集团这些覆盖广泛的仓储中心能够为客户提供仓储、分拣、配送一站式的供应链物流解决方案。而且,其仓储类型有普通仓、防静电仓、恒温仓、冷藏仓、冷冻仓等,所偏重的主要是食品类的冷链物流配套。从2013年2月到12月初,依托顺丰优选这一平台,顺丰分7次进行了规模扩张。

目前,不仅能够将常温商品配送至全国,还有10多个城市可以实现生鲜类食品"全程冷链配送"。

坊间曾有传言说,机场周边的仓储用地都被顺丰集团抢光了。这话听上去虽然稍显夸张,但是,如果搜索一下"全国民用机场布局规划分布图(2020年)",你就不难发现,顺丰不断暗中用力,已经提前抢占了航空物流这一战略高地,并建设了自有仓储体系。不得不说,这是极具魄力和前瞻性的。我们不难断定,在接下来的几年里,顺丰速运会以更加坚定的步伐发展下去,因为顺丰早已具有了这样的实力和野心。到时候,恐怕上面所提到的那句坊间传言就是事实了。

顺丰总裁王卫在2013年的一次讲话中说:"客户有任何物流需求,都可以过来找顺丰,这里能提供各种解决方案。客户带着需求进来,顺丰要让客户满载而归。"从这句话中,我们可以看出,顺丰最重要、最核心的业务还是物流。但是,投入资金打造、整合、升级自己的大物流仓储体系,也将是顺丰集团战略规划的一部分。因为,在谈到顺丰未来的发展思路时,王卫曾指出,要将顺丰打造成"物流百货公司"。

2.顺丰优选,抢占生鲜市场

顺丰优选,看似是王卫借助已有的物流优势"逆袭"电商,实则充分盘活了顺丰固有的资源优势与基因潜力。

快递基因

2012年,正当王卫管理经营下的顺丰在物流行业内经营得风生水起之时，他却跨界搞起了电商——顺丰优选。当时不少行业人士认为，这是顺丰欲借"电商"衍生的"冷链配送"来丰富其物流产业链。当然，更有舆论称"顺丰优选会成为王卫在电商群起之列的又一豪赌"。

其实，王卫决定做生鲜食品电商，全因受到"粽子"的启发。2009年端午节，顺丰的一个分公司为搞创收突发奇想，巧借送快递之便给客户推销粽子，岂料效果出奇的好，仅一个端午节就卖了100多万元，第二年更是如法炮制，取得了500多万元的营销佳绩。

鉴于当时诸多电商大佬纷纷展开动作，打造"物流、信息流、资金流，三流合一的闭环控制商业模式"，精明的王卫更是意识到其中潜藏的商机，于是决定借助顺丰已有的物流优势，"逆袭"电商。

起初创立"顺丰E商圈"项目，对于不熟悉电商却又谨言慎行的王卫而言，小心试错及不断调整成为他大胆跨界的心态支撑。从起初的月饼业务，后扩展到礼品、母婴用品、茶叶、地方特产等数十种品类，再到尝试与便利店合作展开O2O模式，经过近一年的电商试水之后，才让王卫逐渐看到的未来占据"冷链物流市场"的电商雏形。

2011年12月底，在旗下的"顺丰宝"正式获得第三方支付牌照后，王卫在北京注册1000万元成立新公司，并在6个月后将定位全球美食优选网购商城的"顺丰优选"正式上线。而就在优选上线之前，王卫曾再三对内强调顺丰优选是不能失败的项目，可见彼时的王卫对手中握着的这颗棋子，并非举重若轻，压力还是有的。

作为一个全面经历顺丰优选发展历程的见证者，中国供应链联盟理事、中国物流与采购联合会物流信息化专家黄刚，曾多次实地参观考察顺丰优选并与其高层进行过深度交流。他告诉《中国经济信息》记者，"从顺丰优选的产生过程不难看出，王卫在下一盘很大的棋,而顺丰优选成为他布局发展的一枚关键棋子。"

单从王卫的商业逻辑而言,顺丰切入电商领域的定位十分清晰,"对于已然是物流业霸主的王卫而言,他不太看重顺丰优选要卖什么,关键是怎样才能充分盘活顺丰固有的资源优势和基因潜力。"黄刚认为,只要充分了解了这一点,我们才会明白顺丰优选的定位和发展,必须为顺丰的物流大战略服务。

在黄刚看来,顺丰优选开启生鲜业务,最终是为开展冷链物流新业务储备经验,进而放大进口食品业务,充分激活顺丰航运这一优质资产的核心竞争力。

寻找定位

其实,在创立的头一年,顺丰优选每个月的销售额只达到了1000万元。这样"入不敷出"的业绩,也让更多的人笃定了当初的判断,王卫进行的这场赌局,胜算极其渺茫。然而,在黄刚看来,这归咎于顺丰优选庞大的冷链物流,"动辄上亿元的物流配送链条,对任何一家电商企业而言,都是极其可怕的投入。起初的运营不畅是可以理解的。何况,去年正值行业内都在为进入电商元年而争抢机遇之时,诸多的生鲜电商也都希望在起跑线上就占据领先优势,却不知彼时这一行业的规模还相当小。"

据行业分析报告透露,顺丰优选的客单价是200元左右,每天的订单数量也仅有2000个,这意味着,每天的销售额为40万元。另外,各家在发展过程中也有彼此不同的优势:沱沱工社在北京有自己的生产基地,本来生活也在积极推动全国的营销网络。我买网依托中粮集团,有足够的货源优势。"对于顺丰优选来说,需要在冷链物流之外,展开更多的工作。"黄刚指出。

不过,值得一提的是,顺丰的"嘿客"便利店于2014年5月在全国启动,当时还发布计划称全年要向全国铺开3000多家便利店。在黄刚看来,"顺丰的这一笔重要布局将实现顺丰速运、顺丰优选、顺丰移动端、金融、社区O2O服务平台、农村物流等全线整合,这无疑加速了顺丰速运及其电商平台顺丰优选的发展。"

无疑,顺丰优选这样的仓储与配送,给自身带来了重点类目的快速增长。据相关数据可见,目前,包括水果、肉、水产、奶在内的生鲜频道占整个顺丰优选销售额的50%,而以上这些品类对生鲜电商来说甚是关键。

在运营过程中逐步摸索定位的顺丰优选,发现城市白领更倾向于购买一些休闲的进口零食。也正是如此,顺丰优选捕捉到了"进出口食品"能够给食品类别带来一个新的电商增长点,从而便利顺丰优选在食品的中高端位置切入,再与顺丰速运共同协调发挥顺丰的专长。黄刚还分析到,"顺丰优选的大部分顾客是以家庭为单位的中高端消费群体,这部分人群相对稳定,有利于形成更为稳定的品牌认知。"据悉,目前顺丰优选站内的重复购买率达到40%。

布局未来

"其实,顺丰的未来既会做冷链物流,也会做电商。"在接受《中国经济信息》记者采访时,黄刚谈道,"借电商来做冷链物流是对王卫创办顺丰优选的误读。"

作为顺丰集团的种子业务,顺丰优选经过试错与创新尝试,如今已经探索出了一条自己的路——集中精力做中高端进口食品电商。

当然,互联网基因的电商讲求又快又好,而顺丰则在王卫的领导下形成了"稳扎稳打"的风格。在黄刚看来,这并非坏事。"未来足可见,顺丰优选将会在其稳扎稳打的物流运输基础上,更快发展其电子商务。"

黄刚强调,"未来王卫执掌的顺丰将不仅仅是物流,而掷出的顺丰优选这枚棋子,也绝不仅仅是生鲜电商这样简单。伴随平台化的发展,顺丰及顺丰优选将在未来为用户提供更加一体化的生活服务。"

生鲜市场

近年来,"生鲜"话题一直活跃在电商圈,自京东商城凭借"西红柿门"事件将生鲜业务推向电商领域之后,亚马逊也开始将"鲜码头"这一海鲜网络商城平台推向了市场,而快递行业巨头顺丰速运旗下的顺丰优选电子商务网站,也推出了有关生鲜的"健康满月"活动。电商领域的生鲜销售一浪高过一浪,甚至其营业额已经超越了传统超市。

在电商领域的生鲜销售中,顺丰优选显然更有得天独厚的优势。生鲜是一个极其讲究新鲜度的产品,要能够在电商领域经营下去,首先要保证物流配送的速度性,而这恰恰正符合顺丰优选的速度定位。

顺丰优选是以速度定位的电商,顺丰优选进入电商领域,就是以"速度"二字作为自身的定位。在刚刚上线之时,就是靠着"生鲜日配"的口号来吸引大众的眼球。此后,就开始与"京东生鲜"和"亚马逊生鲜"展开了激烈竞争,但顺丰优选本身所具备的速度优势,很快让顺丰优选占据了生鲜的主要市场。

与京东经营的3C和当当经营的图书相比,显然生鲜这种高品质的产品更能满足大众的广泛需求。在顺丰优选开启生鲜市场之前,B2C市场上开展的生鲜日配产品,仅仅局限在小范围的销售渠道上。原因就是生鲜这类产品通常保质周期比较短,而所需要的存储条件相对较高。传统电商要保证产品的运送速度,就需要加大在仓储和运输方面的投入,还要向顾客严格保证运送时间,因此要在市场上进行普遍推广的话不太现实。

从顺丰优选以速度定位来看,显然顺丰集团已经意识到速度对电商的意义。不管是在营销内容还是营销形式上,顺丰优选都谨遵

"快"字诀,使它在众多实力强大的竞争对手中赢得了一席之地,在短期内就获得了公众的广泛认可。

顺丰优选上线前后,正处在《舌尖上的中国》热播期间。消费者往往难以抵挡美食的诱惑,"吃货"这一带有贬义词词性的词,也开始向中性词转变。顺丰优选发现了这一商机,果断决定用一只大嘴鸟作为顺丰优选的品牌形象,将"吃货"概念引用其中。并通过北京的地铁进行传播,顺丰优选的这一品牌立即吸引了广大"吃货们"的关注,同时也让电商界见识到了顺丰优选在营销方面的"快"字诀。

顺丰优选在营销方面的"快",还体现在另一方面:顺丰优选在互联网领域注册了以"顺丰优选"作为关键词的通用网址和无线网址。通过借助通用网址为客户提供可信电子商务联盟服务,顺丰优选获得了国内600多家顶尖行业的垂直门户,并在B2B电子商务网站上成为了置顶推荐位的推荐企业。凭借通用网址提供的信息渠道,顺丰优选在互联网领域迅速打通了自己的网络信息通道。

事实上,每个电商企业都会注册通用网址与无线网址。比如京东商城、国美、苏宁等大型的电商企业都曾大量注册过网址资源,以寻求品牌保护。

但是,顺丰优选在这方面显然更略胜一筹。顺丰优选在注册通用网址的同时,深入研究了它的营销价值,并依靠可信电子商务联盟的支持,在网络上实现了迅速、高效的覆盖。

顺丰优选在可信电商联盟的支持下,速度营销的优势已经日益显现出来。顺丰优选自今年涉足食品和冷链B2C之后,一旦品牌得到大众认可,就将有可能在生活消费类营销方面引起轩然大波。

3."嘿客"体验,快递+便利店模式

2014年5月18日,顺丰集团旗下社区便利店"嘿客"开始在全国铺开。首批开业的顺丰"嘿客"总计518家,除青海、西藏以外,在全国各省市自治区均有覆盖。

在设立"嘿客"之前,顺丰也曾经在便利店领域有所尝试。在2011年的时候,顺丰就曾经与位于总部深圳的7-11便利店进行过合作。不过,此次"嘿客"的模式明显与之前不同,其不仅兼具多种功能,而且能够为消费者提供网购O2O体验服务。

虽然曾一度引发资本市场追捧的O2O模式,在国内零售行业并未有成功的案例。但是,由于顺丰本身的物流网络、客户网络比较成熟,且注重服务理念,所以其模式打破了常规,具有超前性。

为顾客提供量身定做的极致服务和传统便利店相比,顺丰"嘿客"采用的是"虚拟购物"的方式。首先,店内没有商品,不设库存,而是通过贴在墙上的商品照片和滚动播放商品目录的大屏电视机来取代传统货架;其次,不以饮料等传统便利店的经营强项为主,而主要经营生鲜、服装、家电等具有高体验度的商品;再次,店内所有商品都不必直接"一手交钱一手交货",而是通过在线下单、二维码扫描等方式购物。

在每家顺丰"嘿客"便利店内,一般都有几台触屏自选机。店内的招牌商品是依托于顺丰先进的冷链物流体系和飞快的运送速度而诞生的生鲜食品,性价比很高。消费者在店内下单生鲜食品,一般当天或第二天即可送达。不仅如此,"嘿客"还与麦乐购等知名电商合作,给消费者店内购物提供一定程度的优惠。以麦乐购一桶售价

为289元的奶粉为例，在"嘿客"西单店，其价格为218元。

目前，"嘿客"内部一般有服务区、填单区和试衣试鞋区。未来，通过不断更新完善，内部还将设有VTM设备，能够提供办卡、查询、存取款、机票预订、话费充值等一应俱全的生活服务。

在"嘿客"便利店所提供的各种服务中，尤以"线下试衣"最受广大消费者关注。也就是说，消费者可以提前向商家预约某件衣物的体验服务，然后当货物送达后进行试穿，不管是否购买，都不需承担配送费用。如今网上售卖的商品虽然门类繁多，电商能够通过技术手段呈现出视觉和听觉，却解决不了触觉、味觉和嗅觉，消费者购买之前难以进行亲身体验，而家电、服装等都属于高体验度的商品，而"嘿客"便利店所能提供的服务便可以比较好地解决这一问题。

"嘿客"便利店所采取的模式不仅十分容易受到年轻人的追捧，而且对于不十分了解网购的老年人而言也比较容易接受。因为在整个的购物过程中，无论订购货物还是接收货物都变得十分方便、快捷、易于操作。但是，消费者当中也不乏持不同声音者，譬如网购钟爱者和传统购物的拥趸。

其实，在国外，"快递+便利店"的模式早已非常成熟，在日本、美国等发达国家都运行得相当成熟。但是，跨界融合虽然是一种趋势，但除了要突出价格和服务的优势外，企业还需要沿着"客制化"的思想，持续优化产品设计，为顾客提供量身定做的服务。

顺丰"嘿客"的模式从目前来看，与英国最成功的电商Argos非常相似，后者已经通过"线下目录销售""B2C""O2O"3种不同模式相结合的方法满足了消费者的不同消费方式，覆盖了英国2/3的家庭。

4.在金融领域加速开疆辟土

长期以来,由于具有安全快捷等明显的优势,顺丰速运一直都作为一家快递公司而为人所称道。不过,顺丰却并不满足于此,其当家人王卫曾经说"要让顺丰走出一条不同于国内任何一家快递公司的新模式"。随着顺丰速运进行的一系列扩张和部署,其身上的标签也越来越多。如今,你已经很难简单地将其定义为一家快递公司。

随着在快递、电商、物流等领域布局之后,顺丰又开始试图在金融领域加速开疆辟土:

2010年7月,"顺丰E商圈"低调投入运营,同时期,顺丰推出配套支付工具"顺丰宝"。此后,顺丰陆续注册了"顺丰支付""顺丰银行"等金融类域名。

2011年12月,"顺丰宝"正式获得央行颁发的第三方支付牌照。在取得"顺丰宝"支付牌照的同时,顺丰又成立了"顺银金融"为平台的金融交易部门。2013年年底,顺丰专门成立了垂直金融服务部门,即顺丰速运金融保险服务事业部。这也意味着,顺丰有了两大主打金融业服务的事业部。

对于顺丰而言,金融系统的完善是拓展产品线和充分利用资源的必然选择。而且,加之生鲜电商、冷链B2C、嘿客O2O等布局,顺丰另类逆袭电商的战略图景日益明晰,未来国内电子商务领域的竞争或更激烈。

2011年12月,"顺丰宝"正式获得央行颁发的第三方支付牌照,有效期至2016年12月21日;2014年7月,顺丰旗下的金融交易平台"顺银金融"也获得了由央行发放的银行卡收单牌照。至此,顺丰在第三方支付领域已拥有两大牌照资格。

"顺银金融"所获得的银行卡收单业务，是指银行和非金融机构等收单机构通过受理终端为特约商户提供的受理银行卡（包括信用卡），并完成相关资金结算的服务。而一般情况下，第三方机构涉足的收单业务，主要是通过收单、做大规模、在银行与商户之间"吃"价差来运营的。

对此，顺丰速运内部高管透露："虽然获得了两大第三方支付牌照保障，但顺丰的金融交易业务主要还是纯粹做内部服务，是整合升级集约化功能系统的一个工具。而银行卡收单则瞄准的主要是顺丰的客户，尤其是为合作的电商企业提供支付、供应链融资等服务。这一针对内部支付业务的工具目前正在加速整合，两三年内不会对外。"

其实，此次顺丰获得的银行卡收单业务，并不属于新增业务，而应该属于内容变更的新增项。虽然如此，但对顺丰来说，能够一下拥有两大第三方支付牌照，无疑相当于为顺丰未来切入第三方支付市场铺平了道路。

与此同时，顺丰还结合自身的快递服务优势，针对银行和保险机构，加速布局垂直行业的金融服务业务领域。一边开展金融交易，一边推出金融服务，顺丰速运的金融布局网络已经基本展开。

顺丰速运内部有两大事业部主打金融业务，即顺银金融事业部和速运金融保险服务事业部。前者侧重平台型，后者侧重在物流链上为银行和保险机构服务。

2014年7月，顺丰正式推出针对银行业专属的物流服务产品"汇票专送"，还为一些银行提供白金卡直接配送业务。汇票流程成为顺丰金融服务的一大商机。

顺丰速运在金融保险这个细分领域中的第一次业务尝试是保

险业的保单配送。早在两三年前,顺丰就成立了项目组,在一些地区提供保单配送服务,而其银行业务直到2014年7月才开展起来。

目前,顺丰速运的保单配送业务系统已经相当成熟和完善。顺丰集团还专门开发了一套系统与保险公司对接,以保证在派送保单过程中的各个环节,都能及时准确地把信息反馈给保险公司。如果客户出现了任何异常状况,顺丰也会及时反馈给保险公司,以便保险公司能够及时应对。

比如,保险公司通过电话销售把保单介绍给了客户,而客户看到保单合同后也许会对某些条款的理解有歧义,他就有可能会放弃投保。在这时,顺丰的快递员就需要及时将客户出现犹豫的情况告知保险公司。保险公司在获取信息后,可以第一时间派人通过电话销售进行解释。如果沟通顺畅则继续履约刷卡,如果沟通失败则将保单收回。

目前,国内不同保险公司之间的竞争异常激烈,尤其是汽车险这样的险种。如果客户对保单的理解有误,极有可能放弃甲保险公司而选择乙保险公司。所以,顺丰需要在运送保单的同时及时传递信息,降低保险公司由于没有追踪客户到位而流失客户的风险。

如今,经过3年时间,顺丰速运保单配送的业务模式已经较为成熟,保险业务占到了顺丰金融保险事业部总体业务的大头。而且,顺丰速运已与平安、阳光、中美大都会、人保、太平洋等多家保险公司合作,开展包括车险、寿险等在内的保单专送业务。除派送外,顺丰速运还外带提供拍照验证、保单管理等增值服务,以优化其保险公司末端服务。

针对这些多种多样的服务,顺丰速运专门的IT系统与保险公司的保单系统进行对接,以解决保单批量出单、单号管理等问题,满足保险企业个性化的外包需求。

另外，为了实现"做金融保险行业供应商"的目的，下一步，顺丰还将着手开发贵金属票证等相关业务，加速布局金融物流链上的服务。

国内金融保险电销单据的快递服务其实并非顺丰速运首创，在此之前，曾有多家快递公司涉足。其中，中邮速递(EMS)更是占据了较大的市场份额。

近几年，互联网金融的兴起和交易的激增，对保险产品和票据市场的服务提出了更高的要求。但快递公司所开展的业务却仅局限于简单的派送，已经不适应互联网金融的需要。再加上金融保险业配送服务市场的分散程度很高，所以顺丰速运才有了进入、整合市场的机会。而且，不管是自身的品牌效应、团队素质、递送质量，还是其在国内市场上的那张庞大细密的快递网络，都使得顺丰速运对于拿下这个市场颇有底气和信心。

根据近期发布的《互联网保险行业发展报告》的信息，截至2013年年底，我国从事互联网保险业务的公司已经超过了60家，年均增长率高达46%；互联网保险保费规模达291亿元，近3年总体增幅高达810%。

急遽增长的需求给互联网金融保险业带来了极其广阔的市场，也使得保险行业的竞争更加惨烈。因此，在能够提供给客户的价格和服务没有明显差别的情况下，保单配送及相关的增值服务就成为了销售环节的关键。这一点，在车险的销售过程中表现得尤为明显。

金融业互联网化的发展趋势，也是快递领域的机会。将金融业的外包服务做好，满足互联网金融行业的终端需求，将保单的物流配送服务放到保险产品里去做整合设计，是顺丰速运今后要走的道路。

比如，银行间的汇票传递、保险公司的保单配送、银行针对高端客户的白金信用卡配送等，这类既要求安全性，又存在一定定制需求的递送业务，银行或保险公司往往并不愿意做也不擅长做。而这些，对于专注于物流配送，且定位中高端服务的顺丰速运而言，都是具有吸引力的市场机会。而且，由于近几年上层针对金融保险业持续释放出积极信号，互联网对于金融领域的渗透日益加深，中国金融大蛋糕的吸引力在不断增加。对顺丰速运来说，这份市场有足够的发展空间，也需要更为专业的体系来推动相关业务的发展，所以，顺丰速运便顺势成立了相应的事业部。

值得一提的是，抛开顺丰速运在电商、O2O、金融领域的战略部署，顺丰金融保险服务事业部的成立，也更符合顺丰速运靠拢联合包裹和联邦快递，向国际综合物流商迈进的意愿。

以联合包裹的美国市场为例，联合包裹不仅有专门针对金融保险业的业务条线与产品，而且还提供了针对大学校园、律所、政府部门、航空国防行业、酒店餐饮业、零售业等一系列精细化分层物流的递送服务。

对顺丰速运来说，金融保险服务事业部的成立仅仅是一个开端，随着国内各个产业分工的不断细化，随着顺丰速运自身实力的不断增强，其在各个产业中的渗透力都必将越来越强。

由于在线下社区中，金融服务的需求十分巨大。所以，将金融保险服务事业部和门店进行合作，发挥金融服务的功能，是顺丰速运必然的发展道路。就目前的情况来看，"嘿客"能够提供渠道，充当前端，服务的后端还需由顺丰速运在内部不断完善。虽然，当前顺丰的金融业务规模仍然较小，且并不成熟，但随着顺丰不断的成长壮大，未来必然能够与阿里和京东等电商巨头一较高下。

阿里巴巴方面，虽然马云多次强调，"阿里巴巴集团永远不做快递，菜鸟网络的'智能骨干网'建起来后，不会抢快递公司的生意。"但是，通过"四通一达"来垄断快递下游产业，提升快递效率，照样能够将快递业拉入其生态链中。毕竟阿里淘宝的快递业务占据着绝对的份额。而且，2014年6月，阿里又与中国邮政达成战略合作，中国邮政将向阿里系物流信息平台"菜鸟网络"开放其全国十几万个服务网点，共同提供社区化自提等服务。这样看来，也不排除阿里淘宝同样会发力金融交易和金融服务业务的可能。京东方面，自建物流已经表现出了非常核心的竞争力，而且在金融领域有所布局。

从各自的综合布局来看，顺丰速运的业务已经涉及了多个领域。所以，与阿里巴巴、京东之间存在竞争将难以避免。但是，究竟是合作更多还是竞争更多，还有待进一步的检验。

目前，顺丰速运所接触的金融业务，其实与传统意义上的互联网金融和对外的金融交易都有所不同。未来，顺丰金融的走向将更接近供应链端，特别是在客户货款结算和金融快递基础上的服务层面，将是顺丰主要发力的方向。

顺丰所规划的，也许首先是逐步把其传统商业客户的支付、金融服务"俘获"，然后，再将顺丰旗下的速递业务、代收货款业务等，全部整合到自己的第三方支付等金融运营中。到时，顺丰速运的商业版图将大为扩展。而最后，当旗下的顺丰快递、顺丰优选、顺丰"嘿客"、顺丰金融等业务能够真正融合的时候，也就是顺丰爆发威力的时候。

5.国内航空货运领先者

在我国快递行业发展之初，快递运送快件是以陆运运输为主，空运完全是一种"奢侈品"。经过十多年的发展之后，以顺丰快递为代表的快递企业都在加速发展自己的空运能力。顺丰快递如今已经用了几十架自有运输机，几乎占到了全国运输机总数的三分之一。如今的顺丰快递，已经成为了空中运输领域的绝对强者。

"顺丰航空不到五年时间使运力规模成为国内航空货运企业中的领先者，加上自身网络布局、运转流程和IT水平的优势，使得运输速度及安全性成为最具竞争力的因素。"一位国内民营快递企业的管理人士在接受本报记者采访时表示，"但随着邮政速递（EMS）开始更贴近市场的业务转变以及一些有追求的民营快递企业也开始布局航空货运，顺丰优势也在受到挑战。因此如何巩固自己的地位，并找到持续发展的动力将成为顺丰下一步必须面对的问题。"

顺丰快递除了自有货机之外，每天还可以通过腹舱带货运载3850吨货物。对于快递企业而言，类似于"双十一"这样货量井喷式激增的运载需求，将会对目前已有的物流体系带来数倍的压力，这也是此前这类活动中常常出现货量超出快递公司处理能力而"爆仓"的主要原因。

目前，快递公司在主流网络上的配送速度，取决于快递公司所能调配运力的规模，规模越大成本也就越高，同时还要求快递企业在流程和管理能力上有足够的能力发挥运力的最大效率。但是良好的客户体验背后是更高的成本，这也是顺丰在价格上相对于国内其他快递公司一直偏高的主要原因。

随着人们对快递时效的要求越爱越高,顺丰逐渐意识到发展快递空运的重要性。因此,为了很好地备战"双十一",顺丰公司旗下的空运公司早早就将其十三架自有全货机投入运营。在那之后,顺丰航空又在筹备增加自有全货机数量的事情。

2013年12月13日15时35分,顺丰空运公司第十四架自有全货机顺利飞抵深圳宝安国际机场,正式加入顺丰机队。此架为波音737-300全货机,随即将投入日常航班生产运行。

作为顺丰速运旗下的航空运输部门,顺丰航空目前拥有以波音757和波音737机型为主的全货机机队,主运营基地设在深圳机场,构建了以深圳为核心枢纽,向全国辐射的运输网络。自开航以来,依据快递业务的需求,为保障快件产品空运时效,顺丰机队规模始终保持平稳增长,2013年自有全货机数量由11架增至14架,随着此架全货机的投入运行,将会为客户提供更为快捷、安全的快件空运服务。说起顺丰,人们无一不想到它令人惊叹的配送速度,这也是国内其他快递公司望尘莫及的。如今,顺丰空运公司实力在不断增加的自有全货机中上升,到时候,顺丰快递的配送速度是否更加快捷,让我们拭目以待。

6.知己知彼,做中国最好的速运网络公司

如今,在全国的快递市场上,每天的快件邮寄量可以达到一千多万件,如此庞大的市场规模已经让人侧目。再加上快递业整体超过25%的增长速度,其活力和未来发展潜力可见一斑。特别是在电

商领域迅速发展壮大的情况下，快递市场更是像打了兴奋剂一样发展迅猛。不过，相对于美国、日本等发达国家而言，中国人均快递量约为2件的水平，还存在着巨大的差距和发展潜力。

"快递"，单从这个名词我们便能看到，快递公司的生存之本和立足之道离不开一个"快"字。快递公司想要提升自己的核心竞争力，就得不断提升速度，这样才能让顾客满意，让市场份额得以拓展。仔细分析快递领域的整个流程就不难看出，快递公司实现提速的重要环节就是运输。因此，不难预见，"控空权"对未来的快递公司将会非常重要，各个快递公司对控空权的争夺也会更加激烈。而顺丰之所以能够发展成为仅次于邮政速递（EMS）的国内第二大快递公司，其关键一点就是拥有自己的航空公司。如今中国邮政为了提升快递速度，也组建了属于自己的航空公司。在可以预见的未来，对快递公司而言，为了提升速度、扩大规模，拥有属于自己的航空公司将会成为快递公司生存与发展的必然选择。

当前，快递领域拥有巨大的发展前景和市场空间，同样也存在更为激烈的市场竞争。但对于顺丰而言，做中国最好的速运网络公司，是它不变的发展愿景。

想要成为中国之"最"，说起来很美好，做起来并不是一件容易的事情。所谓知己知彼，才能百战不殆，我们不妨先来看看顺丰的竞争对手。

说到顺丰最大的竞争对手，肯定是非中国邮政（EMS）莫属了。中国邮政（EMS）是从原先的国有邮政分离出来的，可以说是快递行业资格最老的前辈，也是快递行业最初的行业标杆。强大的资金实力和原中国邮政发达的营业网络，是它的两大优势，而且在很长一段时间内，都使它拥有难以匹敌的强大竞争力。而且，中国邮政（EMS）之后又实现了公开募股。这无疑又加大了它对其他快递公司的威胁。可以说,在相当长的时间里,顺丰集团的重要竞争对手和重点抢业务对象都是中国邮政(EMS)。再加上中国邮政(EMS)通过改制为其公司增加了一定活力,服务质量因此而有所提升,价格也下降不少,这便让顺丰集团想要成为中国之"最"的压力更大了。

大田物流与顺丰速运有着相似的发展历程,它也是顺丰速运重要的竞争对手。两家公司推出的产品和产品定位都颇为相似。虽然在发展的最初,顺丰以珠三角为业务中心,大田则以京津地区作为业务中心。但是,他们各自的业务网络都在不断向全国范围内扩展,在很多地区都开始上演直接而激烈的业务竞争。

在快递市场完全开放之后,顺丰速运也开始发展跨国业务,将足迹推向了北美、东南亚等地区。在顺丰速运开拓跨国业务的同时,联合包裹、联邦快递、敦豪等国际快递公司也陆续成为顺丰在国内高端市场和海外市场上的最大竞争对手。

在快递行业的中低端市场中,申通、圆通、天天快递等一些二线公司也在慢慢发展壮大,而且服务质量和配送速度也有所提升。因此,在国内市场中,顺丰速运与它们的市场竞争也很激烈。

不过,从整体来说,与中国邮政(EMS)、申通等竞争对手相比,顺丰速运的强势地位和强大竞争力还是非常明显的。其最主要的原因是顺丰的平均送货速度更快,网络覆盖度很高,而且公司的整合能力比竞争对手更强。尤其是顺丰集团总部,能够在特殊情况下迅速对市场做出反应,这便是直营模式的优势。而且,顺丰速运对一线员工的管理、控制付出了更大的成本,因此获得了一线员工较好的忠诚度,这在一定程度上提升了一线员工在节假日订单爆满时的出勤率。因此,即便存在着这么多竞争对手,顺丰在快递市场上依然保持着良好的竞争力和发展势头。

所谓"知己知彼",分析完了顺丰的竞争对手,我们再来看看顺丰内部的核心竞争力。

通过以上分析，我们不难发现，在中国快递市场飞速发展的现阶段，快递市场正面临着越来越激烈的市场竞争。与此同时，随着民营快递公司则在不断增加，顺丰也面临着严峻的市场竞争。一方面，顺丰要面对来自中国快递老大哥中国邮政(EMS)的打压；另一方面，韵达、申通、圆通、天天快递等其他民营快递公司也不是省油的灯，对快递市场的争夺也日益激烈；另外，对于海外快递巨头联合包裹、联邦快递等快递巨头的入侵，顺丰也不能掉以轻心。如此，在"前有狼，后有虎"的激烈角逐中，顺丰必须明确自身的核心竞争力。

关于顺丰的核心竞争力，分析如下：

"速度快，效率高"。为了保证在最短的时间内为顾客提供无限的价值，顺丰很重视实效服务。一般在客户下订单后的一个小时之内，快递员便能上门收取快件。快件到达顺丰运营网点之后的两个小时之内，便能由快递员派送到顾客手中。

顺丰的快捷速度是由自己的航空公司作保障的。快件在经过深圳、上海、北京等分拨中心的初次分拨之后，根据快件的目的地，便会很快确定其转运方式，直接转飞机或者由干线车中转。与国内其他快递相比，顺丰速运更快；与国外的快递巨头相比，顺丰更熟悉路线。因此，顺丰的高速和高效是其他快递公司难以比拟的。

顺丰的服务质量是通过全网标准化的操作流程、专业的服务团队和指标监控来实现的。而且，在GPRS车载技术、手持终端设备和强大运输资源的支持下，顺丰速运能够保证在最大程度上准确、高速、安全地将快件送达顾客手中。

另外，顺丰的服务方式也较为灵活，可以做到门到门服务；也能货到付款；对于大客户，还能安排专人进行收发件服务。而且快递员的服务态度、服务质量和工作效率也值得称道。

7.快递"下乡",大势所趋

2014年,国内快递行业演绎出两大主旋律,其一是"出海";其二便是"下乡"。在国内一二线城市的快递业务已经趋于饱和的情况下,这两大主旋律显而易见都是为了进行拓展渠道。

据权威数据显示,从2008～2013年,我国跨境电商的复合年均增长率高达31.1%,2013年的交易额约为3.1万亿元。跨境电商的增长速度如此惊人,已然成为了新时期我国电商发展中的一匹"黑马"。其中,顺丰已经开通了美国、日本、韩国、新加坡、马来西亚、泰国、越南、澳大利亚等国家和我国港澳台地区的快递服务,其国际网络正在逐步完善。除顺丰外,中国邮政、韵达等国内知名的快递公司也都已经开始了海外建网。

与国内快递蔚然成风的"出海"潮相比,快递"下乡"出现得貌似晚了不少。由于我国广大农村地区的形势较为复杂,且中邮速递(EMS)具有网点优势,所以此前农村的快递市场一直被其牢牢占据。2014年年初,国家邮政局启动了"快递下乡"工程,推动广大农民享受网络购物所带来的便捷。

2013年,淘宝网的销售数据显示:我国县级区域的人均网购消费能力比一二线城市还要高出近千元。与我国农村地区不断提高的消费能力相比,其快递配送业务却不尽完善。另外,随着人们对生活品质的要求越来越高,产品产地直采的模式也越来越受到广大消费者的青睐。

也就是说,目前农民不仅是重要的网购买家,也成了网商大军的重要组成部分。所以,完善农村地区的物流体系,完善农产品冷链物流系统,加快发展主产区大宗农产品现代化仓储物流设施,都已是迫在眉睫之事,快递行业"下乡"是大势所趋。

事实上,以"四通一达"为代表的国内快递企业早已经开始尝试县级及以下的快递布局。其中,以韵达快递为例,截至2013年年底,在全国3238个区县级城市中,韵达已开通网点的为2900多个。2014年5月13日,韵达快递与小小超市在浙江宁海签订合作协议,宣布将通过小小超市遍布在宁海、象山等地的40余家连锁店合作,为宁海、象山地区的客户提供更为便捷的快件收派服务。这是韵达快递首次与县级超市进行签约,也是韵达快递发力终端派送的一项重要举措。

在此之前不久,顺丰速运公司也一改其坚持高端业务的策略,开始鼓励员工去华中、华西、华北等农村地区创业,挖掘广阔的农村市场。在接受《第一财经周刊》的采访时,顺丰公司的发言人称:"我们希望能尽量快一点地进行网点建设,鼓励自己员工创业就是方式之一。"

鼓励员工到"农村自主创业"这一作法,也被业内认为是顺丰速运继2013年布局县级城市后,进一步渗透农村的重要战略。虽然一位顺丰速运内部人士坦言,此举是对农村布局的尝试,而且农村网点并非顺丰力推的主流业务,开设规模及速度都没有特别的既定指标。但正如中国物流与供应链管理高端联盟理事黄刚所指出的:"农村有数亿潜在网购人群,且农业互联网化是趋势。"在业内看来,发力农村市场,已是各大快递企业发展战略中至关重要的一步。

2014年4月29日,一则题为《顺丰开始采用代理模式大面积拓展乡镇市场》的业内消息,引发了快递行业的广泛关注。之前,顺丰速运内部人士曾表示,"顺丰不排斥去任何地方,但对于乡镇网点的选择肯定会很谨慎。"至于之前有媒体报道的"顺丰会在农村新增代理网点5000个"这一消息,其主内部人士也宣称"绝没有那么多"。为了更审慎地尝试布点，顺丰公司特地建立了包括人口密度、交通设施、员工对当地情况的了解程度等的多个评测参数。

目前，国内的农村快递市场确实具有广阔的前景，但由于农村人口居住相对分散等特点，快递业务不可避免地会面临线路长、单位运输成本高、分布面广等问题，需要各快递公司探索出一个适合其业务开展的模式。

作为一家贴有"商务""直营"标签的快递公司，其进军农村市场总让人感觉似乎是不得已而为之。但顺丰内部人士强调，即使是农村的网点也一定会专营顺丰业务，坚持"顺丰标准"。对于希望在"农村自主创业"的员工，顺丰一定会对其资质进行考核，判断其是否能够秉承顺丰的理念，贯彻顺丰的标准，并由公司统一管理相关的软硬件设施。不仅如此，公司还会为符合条件的员工提供资金等帮助。

对于顺丰在农村所开展的具体业务范围，根据目前所掌握的信息来看，应该主要为农产品的相关运输。与中邮速递(EMS)强大的网点分布以及"四通一达"更早布局农村市场相比，顺丰速运的优势主要体现在技术方面。例如，其快捷的航空运输，先进的冷链系统，以及电商平台"顺丰优选"等。但其价格对农村市场而言，却让人感觉似乎不够"接地气"，难以大面积地开拓农村市场，尤其是在经济欠发达地区。

2014年4月初，顺丰速运已经尝试开展"物流普运"业务，可以满足广大客户同一目的地批量发货的需求，而且价格经济实惠，单公斤价格低至1元。此项业务可以说非常适合大宗货物(如农产品)运输。为此，有业内人士评论说："对于农村这一有待开发的空白市场来说，首先要做的其实是培养其使用快递的意识。"

对于顺丰坚持采用直营模式开拓农村市场，其管理运营成本方面所存在的问题，顺丰内部人士回应表示，"目前，公司所考虑的主要是与保持时效等有关的顺丰服务标准,不会太过考虑运营管理成本。"根据顺丰官网的资料显示,截至2014年4月,在其已建有的7800多个营业网点中,县级市或县区的网点为1900多个。不过,顺丰内部人员仍表示"公司农村网点的尝试目前是探索,很慎重"。

8.国际化战略,快递"递"向全世界

　　身为行业巨头,在国内快递市场几乎被各大快递公司瓜分完毕的情况下,顺丰将目光抛向了更加广阔的国际市场。2013年11月,顺丰最新动态再次爆出其国际化的眼光和战略,对早已开通的日本快件速递业务,进行了进一步的完善,除了对原有程序和系统进行升级之外,还新增了日本快件货到付款的业务。随着各国之间交流的不断增加,国与国之间的人口流动变得越来越频繁,留学、旅游、移民、打工等不同原因去往异国的人越来越多,更多人希望能够将家乡的物品寄往远在他方的亲人。

　　这就给国际快递业务的发展提供了非常大的市场,再加上从事国际贸易人员的增多,对于国际快递的需求也非常迫切。王卫早就有向国际进军的想法。早在2010年,顺丰的版图就已经开始向东南亚延伸。王卫第一个看中的目标是新加坡。2010年,除了裕廊岛和居民人数不足50人的乌敏岛之外,顺丰在新加坡全境所有区域都建立了营业网点。根据相关数据显示,新加坡的业务量相当不错,于是他迅速开始了越来越大的国际扩展计划。

　　2011年,顺丰同时在马来西亚、日本两个国家开设营业网点,版

图向着太平洋方向不断延伸。随着逐渐走入国际快递市场，小小的东南亚又怎么能够留住顺丰疾行的脚步呢。而今世界最发达的国家之一的美国，其潜在的消费市场是众人垂涎的一块肥肉。

2012年，顺丰就将营业网点开到了美国，走入美国快递市场。随着营业网点的不断完善，而今顺丰的快递版图包括整个中国、韩国、日本、马来西亚、新加坡以及美国全境。

2013年9月23日，顺丰将其巨大的"手掌"伸向泰国，直接开启了泰国全境的快递服务业务。顺丰国际快递有它独特的优势。首先，国内良好的口碑让顺丰的信誉在国际环境里，尤其是华人圈里非常受欢迎，特别是与中国邮政（EMS）对比之后，大部分人都会选择顺丰。其次，随着顺丰网点的全面建设，不管在别国的哪一个地区，顺丰都能送货上门，同时提供高质量的服务。除此之外，顺丰与国际化标准接轨的统一收派队伍，标准化服务流程，以及管理系统的完善，全程追踪货物运送情况等技术的发展，都让不少客户备感欣慰。对大部分的国际客户来说，选择快递公司的首要条件是该企业的管理系统，货物追踪系统、服务系统等，是否做到了最好。而在同一标准条件下，若是多家公司达到了要求，顾客通常会选让自己感觉最亲近的一家。有时候，这种亲近的感觉甚至能够抵消掉其在运送过程中留下的一些不好印象。顺丰正是得益于此。但是，顺丰决不能因此就减少防范之心，不安定因素仍然有很多，未来仍需要一步一步踏实稳健向前迈进。王卫之所以迈开步子时显得很谨慎，就是因为太多需要考虑的因素给他带来了大量困扰。

首先，国际快递的要求与国内完全是天壤之别。由于国际快递环境比起国内快递环境要成熟更多，因此对于服务质量的要求也就更高。这不只是单从运输货物的快慢程度，以及是否安全将货物送到客户手中这种初级层面进行的考虑，更是从货物运输是否人性化,员工服务是否微笑等更多的更细致的人文服务角度出发。换句话说,国际快递业要求从业公司具有更优秀的软文化实力。

其次,开辟国际市场需要非常充足的资金。而资金问题也是限制顺丰,乃至任何一个民营企业发展的非常重要的因素。没有足够的资金,什么也做不成。而将资金投向国际快递业务,无疑冒着更大的风险,因为不知道是否能顺利盈利。顺丰的高层也透露,截止2013年11月,顺丰在国际业务领域的投资几乎没有盈利,因为打造全境范围内的网点就需要耗费大量资金,更不论其中的技术建设、人员招聘、培训等的大量花销。

最后,就是对东道国目标情况的未知。由于地域范围、民族文化、语言风俗,乃至于人种的不同,不管进行怎样的调查,总会感觉对方与自己隔着一层纱,难以看清。王卫也正是考虑到这一点,因此才选择从距离我国最近的东南亚国家入手。这些国家离中国距离近,华人群体多,文化上的差异没有那么大,一旦出现问题还可以迅速作出反应前去解决,这也省去了许多由于社会规则不同可能带来的问题。除此之外,国际快递市场上的四大巨头对顺丰来说也是非常大的威胁,它们分别是联邦快递(FedEx),联合包裹服务公司(UPS),德国敦豪(DHL),以及荷兰天地速递(TNT)。包括顺丰在内,中国国内没有任何一家企业能够超越它们。王卫也曾对外表示顺丰在国际化道路上面临的困难,他说:"中国民营快递获得法律地位还不到四年,可以说还处于发展初级阶段。和国际快递大企业相比,我们在资金实力、科技实力、人力资源和经营管理经验等方面都有不小差距。"

在资金实力上,联邦快递(FedEx)一家企业就有600多架飞机,而中国所有快递企业加起来,也只有不到50架飞机;在科技实力方面,顺丰的信息系统在行业内算较好的了,但是也只相当于国际快递大企业20世纪90年代的水平；人才和经营管理经验的差距更不是一朝一夕可以赶上的，国际化水平更是差得远。最大的差距还是战略。国际快递大企业开设某个网络，只要能够支持自身服务质量提升，可以十几二十年不赚钱。这样的气魄和实力，都是目前我国民营快递企业所无法比拟的。作为快递产业，"快"是必须的要求，而作为国际快递企业，飞机是必不可少的工具。拥有飞机数量最少的是荷兰天地速递(TNT)，只有47架；最多的则是联邦快递，拥有671架飞机。截止2013年11月1日，顺丰自有飞机数量已经达到13架。但是与四大国际快递巨头相比，这点数量完全不够。仅仅要追上荷兰天地速递(TNT)飞机的数量，顺丰就至少还需要好些年的努力。仅仅从这一个方面来看，顺丰进军国际还有非常长远的道路要走。从短期来看，顺丰仍需要一段时间稳住现有的经营局面，暂时不会有较大的动作。王卫也需要时间进行下一步国际战略的规划，在这块领域，他显然将"稳"字放在第一。

第七章

王卫如何管理顺丰21万员工

1.去基层体验,到一线做快递员

去基层体验,这不是心血来潮,而是公司的规章制度。

2010年冬天,顺丰人力资源部给下属一个区派去了一名实习物料管理员,这名实习员工一上岗,就骑上电动车,和其他快递员一起到仓库了解快递背包以及黑色PDA(顺丰巴枪)等物料情况,之后便外出收发快件。

谁也不曾想到这个实习生就是他们公司的老总王卫。所有管理层第一年要到一线做快递员,和其他员工一样上门收发快件。从第二年开始,基层体验生活变成做半年的快递员,做半年与自己岗位匹配的专业工作。拿顺丰的财务来说,每个区的财务总监第一年要去送快递,第二年送半年快递,再到某个网点做半年的会计或出纳工作。这两部分的工作都完成之后,以后每年的体验中,他们就可以选择自己感兴趣的岗位,不过不能泄露身份。

每年,王卫总要带着总部的人事部员工,制订好本年度管理人员的基层体验工作计划,将具体的岗位安排写成文件,下发到相关的管理者手中。其中规定:为了能体验到真实的工作情况,每个人都是以实习员工的身份下基层。实习结束后,每个人要写一份体验报告,也就是在基层看到和感受到的实际情况。

为了避免管理者实习成为一种形式,每个接待他们的分部经理要将"实习人员"在岗位上的表现写成报告,上交总部。这种基层体验活动,不但使得管理层时刻与一线的业务不脱节,而且还能够在精神上激励员工。

顺丰的员工看到,管理层不是坐在空调房里下达指令,而是到一线去了解业务,这让快递员们对公司的管理充满了信心。王卫说:"企业太多事情做得不足。我们很多管理层的人都说在研究市场,我经常跟他们说,不要研究这个,你应该研究的是如何帮助一线、二线员工做好收派工作,了解他们在自己的岗位上有什么需求和困难。他们都处在市场竞争的最前沿,他们对市场最有发言权。坦白讲,现在市场处于初期阶段,自身的发展速度是非常快的,并不像一些成熟市场需要花很大的精力去研究和开拓,现在要做的是如何解决一线、二线人员工作中遇到的困难,如何消化市场。如果你把一线二线的问题都解决了,客户的问题也就迎刃而解了,发展的问题也就解决了大半。"每次王卫从一线体验回来,都能够看到公司发展中很多的不足。

王卫不但自己跑到一线去体验员工的工作情况,每年还组织顺丰中层以上的管理者到基层去体验。在他看来,去基层体验是一件很重要的事情。管理层调配的是一线的快递员和二线的呼叫中心员工,如果不能透彻地了解和感受到他们的工作情况,又怎么能做好管理呢?

管理人员下基层体验员工生活可以凝聚人心,促进企业健康持续的发展,使管理不断的规范、务实、创新。

首先,此举可以真正与员工零距离接触,拉近管理人员和员工的密切关系,更好地增强企业(公司)对员工的凝聚力以及员工的创造力、战斗力,这是企业的宝贵财富,是企业发展的重要资源。

其次,管理人员下基层能亲身体会到基层员工工作的辛苦,认识到只有不断地改进、完善现有的生产条件,提高管理水平,才能提高员工的工作和生活质量,调动全体员工的工作积极性,以便更好地服务于企业。

管理人员下基层,对全体员工也是一次帮助和教育。管理人员和员工更好的沟通和交流,增强了亲和力,增强了员工对企业的认同感,让员工感到在一个大家庭中工作和生活是件幸福的事情。管理人员下基层,你的行为举止员工都看着你,都会以你为坐标,你的工作积极性、工作态度、工作能力都会影响到员工对你的认同感,也就是说能否树立管理者在员工中的威信,这也关系到以后能否有效管理的问题。

管理人员亲临一线体验生活,能够在实际工作中发现问题,积累管理中的第一手资料,这样有针对性的制定改进措施,便于及时有效的解决问题。

有一个小伙子,大学毕业以后来到顺丰,成为一个网点部的组长,一干就是五年。作为基层管理者,他的工作并没有外人想象得那么轻松,他每天不仅要管理网点的各项事务,还要出去拜访客户,维护关系,有时候还要和一线员工一起搬运并分配快件和货物。他的工作不但多,而且还很杂。同时,他还面临着考核的压力,包括网点的业务数量和质量,分派速度以及客户投诉等。

到了基层之后,王卫才了解了这个情况,心中顿时升起一股歉意。因为他一直告诉员工要"以人为本",但是之前坐在总部的办公楼里,他听到的只有管理层缺勤或者离岗的投诉,从来没有想过一个基层管理者5年的时间都在做这么繁杂的工作,照这样下去,他还能撑多久?即使顺丰有非常美好的前景,有合理又优厚的待遇,但员工总是会累的,这样工作和服务就不能得到保障。所以,在基层体验后,王卫将怎么提高快递员和管理层的工作舒适度作为工作的重点,既要让他们挣到钱,还要让他们有时间休息,有机会学习。当然成本也是要控制的,做到平衡并不是一件容易的事情。在还没有很好地解决这个问题之前,为了让员工不那么累,王卫决定控制业务的增长,保证员工的休息和工作质量,同时向基层投放几千万元改善基层员工的工作环境。

管理人员下基层体验员工生活重在坚持,贵在务实,只有能和员工同甘共苦的管理者,才是员工真正信任和依赖的,才能使管理工作不断的改进,向更规范、更科学化迈进。

2.追踪考核,确保目标

谈到工作,顺丰的一名派件员吐露了真实心声,"我就算腿累得没了知觉也要快步走路;包裹沉得压弯了腰也得一口气爬上楼;遇到再胡搅蛮缠的客户也要挺住。所有这些他都不怕，唯独就怕自己没有做好快递工作，因为出一个有问题的快件、被投诉几次他就得卷铺盖走人。"

我们来看看一个快递员的口述：

顺丰跟我想象的特别不一样。原先我想，送快递应该就是自己骑辆自行车，想去哪儿就去哪儿，等把件送完了，我就去清华，去北大，去图书馆看会儿书。后来我发现，后头总有那个时间在卡着你。"收一派二"，客户要收件，你一小时之内必须去，收到的件两小时之内必须给人家派到。忙忙碌碌一天很快就过去了。一直到现在，我落下个职业病，特别有时间观念，就跟脑子里有个闹钟似的。

我是2007年2月8号进的顺丰。这是我第一份工作。我是河北人，在石家庄人民武装学院上的大专，学公共管理。我毕业分配到对口的地方武装部，每天扫地倒水看报纸，一个月700块钱，特别没意思。那时候的女朋友在北京实习当护士，我也就跟着来了。正好有老乡也在顺丰，就介绍我过来。我做快递，我女朋友很不中意，没多久我们就分手了。

我有同学在北京，有做IT的，有做新闻的，有做电视的，他们一开始不看好我干快递。我说我在顺丰工作，有人以为我是去做传销了；还有人以为我去顺峰餐厅做大堂经理了，还叫我给他打折。那时候往老家发封信还是邮局包裹呢，谁知道有快递公司这回事啊。但是当他们知道我一个月挣三四千的时候还挺羡慕我的。

我在清华那边的黑市花40元钱买了辆自行车，就开始干了。我第一个月挣了700元钱，第二个月就上2000元了，第三个月就上了3000元，最多一个月我挣了3880元。那时候每天想的就是怎么上3000元。第一次取到30个快件那天，我特别高兴地给我妈打了个电话。我们那时候提成是3.25元,取10个件就是32.5元,取30个件就等于能上100元钱。那会儿干业务员,最大的乐趣就是算每天自己能挣多少钱。早晨起来蹬自行车,后面带很多货,又远,特别特别辛苦,但是心里一直在算账。第一年过年回家,我给了家里一万块钱。

我中间想过跳槽。说实话,很难坚持。一开始有工资吸引你,但是干了半年,工资还是这样,新鲜劲也过去了,每天就是不断地接包、送包,体力活,太累了。这时候就想换个其他工作,休息的时候我也去一些公司面试过,行政类的文职工作,都没成功。

后来我就给我们经理打电话,说我回石家庄行不行。可以调动我回石家庄还是干这个。经理给我出主意,我就转了仓管,轻松一些,不用老出去跑了。2008年2月1号,我干上仓管那一天特别高兴,还专门写了一篇日志。那会儿我们晚上九点钟才下班,不管多晚也要去网吧待一两个小时,跟同学用QQ聊聊天,也看看新闻。做仓管之后,我把自行车卖给同事了。他也没给我钱,就几十块钱请我吃了一顿。在顺丰,自行车都是代代相传的。

2009年5月1号,我升了组长。我那些同学,来回跳槽换工作的,也没见有太大发展。这时候我才真正下定决心,要在北京在顺丰一直干下去。当我下定决心在顺丰干下去,我就把自己的职业好好地规划了一下,一两年之内要干成什么样子,长远要干什么样子,都想过。我终极理想就是达到像我们北京区老大的级别就可以了。当然很长远很长远,但有这个想法在这个企业才能奋斗,过一天混一天就太没意思了。

接下来又碰到低谷了。那时候全北京121个点部,每个月都要从第1排到第121,最后6名都要降级扣分。我在科贸点部做得不好,虽然没到最后6名,但都在100名左右。我就通过内部竞聘,去区部做了质量专员,虽然工资少了1000多块,但是环境焕然一新。再后来,我就来了现在这个点部做组长。

我一开始在北宫门租的200元钱一个月的床位，后来跟同事在圆明园东门合租房子，250元钱一个人，现在十里堡租了750元钱一个月的单间。去年，我在老家张家口买了房子，3000元一平方米，90平方米，首付10750元。我现在没事老想着怎么装修房子，还去宜家看过，不停筹划我的房子应该是哪种装修风格。

干了这么多年快递，稀奇古怪的事情听说过不少。我就送过特别沉的几块石头，后来客户说这是玉石，值一百多万呢。有人送过很大的一个西藏的佛像，又像是什么法器，后来拿到公司去审查，觉得很可疑，就没让送。还有人送过一个3公斤重的金佛，送的时候不知道，送到了客户非要验货，不然不让走。还有的货到付款的客户，自己的货物不好，怕人家来扯皮，要求我们送货的时候从后门进去，怕给人看见。在别墅区送货，经常有人给小费，100元钱不用找，不过我们也都不敢收。还有一次，顺丰有个快递员报案，上缴了一批破坏世博的光盘，最后公安局奖励他1万块钱。

印象最深刻的一次是捡到一个钱包。在中关村易亨大厦7层，我去上厕所，看见钱包就放在洗脸盆上，一个黑夹子，一看里面7张100元的，还有3张1元的。我当时就想把钱包拿走，都出去了，可是我紧张得不行，又进去了。我想把钱拿走，把钱包、身份证和卡放那。后来想，还是不行，还是给人家吧。又把钱搁里了，放成原先的样子。当时把这个事儿告诉组长，他说让他们给你写个表扬信呐，到时候给你加分。我想算了，太不好意思了。

我一直没有女朋友。顺丰人找女朋友特别难。人家是朝九晚五，我们是朝五晚九。每天早上8点就得开例会，晚上9点下班那是早的。去年中秋节那天一两点才下班。我们接触不到女的，点部一个女的也没有，分部就一个女文员，还有对象了。公司现在说要搞联谊，听说去年河北的联谊促成过几对。咱们有好的收派员跟客户好的,一般都是收派员跟客服好。

我现在这个岁数,同学朋友都结婚生孩子了,没人跟我玩了。我们单休,每个周末休息一天,我没事干就一个人出去逛。现在我也习惯了,给我双休日我都不知道干嘛了。圆明园、颐和园、长城、故宫,我全逛遍了。我还一个人去看电影,所有的大片我都是在电影院里看的,周末100元钱看四部。最近打算看《观音山》,听说陈柏霖在里头也演个送快递的。我也有两个客户,现在处得挺好的,他们也是公司的小职员,没事打打电话,一起出来玩。我们每个员工一个月有19元钱的活动经费,我们打算上半年集中去怀柔或者密云玩一趟,搞烧烤。

我刚来北京的时候,好多同事在顺丰干了几年,攒了十几万的首付,都在燕郊买了房子。我那会儿也想在北京买房子,想买在大兴。我喜欢住在郊区,这样才有下班回家的感觉。没想到我攒了几年钱,房价成这样了。我正在学车,一考没过,倒桩出问题了。

我来北京6年了,再过6年,我肯定在北京立住脚了,成家立业。我最理想的生活就是下班了开着车,身边坐着自己的妻子,后面有自己刚会爬的孩子,在马路上穿行。也不对,穿行的可能性不大,只能在那堵着。

在顺丰,有一样和工资考核制度具有同样高级别保密要求的,那就是每位员工的员工手册,里面记录着顺丰的企业精神和文化。但其实对于员工来说,他们最关注的是行政条例和扣分制度。每年每个员工有一定数目的积分,一旦犯了手册上的错误,就会被扣分,扣到零分就会被开除。比如,填错表格扣十分,指甲过长扣四分等。

控制是必须的,控制就是追踪考核,确保目标达到、计划落实。虽然控制会令人不舒服,然而组织经营有其现实的一面,有些事情不及时控制,就会给组织造成不必要的损失。但是,控制若是操之过急或控制力度不足,同样会产生反作用,控制过严会使部属口服心不服;控制不力工作纪律可能难以维持。最理想的控制,就是让部属通过目标管理方式实现自我控制。

领袖与执行者及相关协作人员都必须强化三种意识:计划意识(执行计划)、进度意识(效率意识、进度控制与补救措施)、结果意识(效果达成意识)。不要不做计划与相关准备实施行动而使整个部门工作混乱;面对进度失控应及时补救调整,否则一个小问题就变成大问题;好的结果要总结经验与表扬执行者;坏的结果要即时纠正、要总结教训、要追究责任,不能让其成为习惯为他人效仿,而使问题不断复制与蔓延。

3.设立企业愿景,让员工自发地把工作做好

企业愿景可以体现企业家的立场和信仰,是企业家对企业未来的设想。美好的企业愿景可以不断地激励企业员工自发地把工作做好,勇于承担责任,形成凝聚力和向心力。

让公司成为最值得信赖和最有价值的速运公司,让每个员工有一份自己满意和自豪的工作,是王卫给顺丰定下的企业愿景。

正是因为把理想和追求放到第一位,王卫才能带着顺丰"一路狂奔",让顺丰离最受消费者信赖和尊敬的企业目标越来越近。而这些理想追求也逐渐融入了顺丰的企业文化,成为支撑王卫和员工们不断拼搏进取的动力,顺丰能够坐上全国快递行业的头把交椅也就

不足为奇了。

共同愿景产生的巨大凝聚力，能够让员工对工作产生责任感，并乐于为公司的发展尽职尽责。

著名企业家马化腾曾提出，要把腾讯发展成为最受尊敬的互联网企业，并一直努力把口碑、实力和社会责任当作自己努力的标准。而华为总裁任正非，在1994年提出的十年梦想中也提到："10年之后，世界通信行业三分天下，华为将占一分。"据中华英才网的总裁张建国回忆，"1990年，仍处于草创阶段的华为仅有20多人。但任老板很能激发年轻人的激情，经常给我们讲故事，讲未来，用理想与未来引领年轻人的热忱与投入。"回眸华为发展20多年来所经历的风风雨雨，我们很难想象，如果没有任正非对伟大理想与抱负的坚守，华为究竟会发展得怎样。"在这样的时代，一个企业需要有全球性的战略眼光才能发愤图强，一个民族需要汲取全球性的精髓才能繁荣昌盛，一个公司需要建立全球性的商业生态系统才能生生不息，一个员工需要具备四海为家的胸怀和本领，才能收获出类拔萃的职业生涯。"当任正非说出这句话时，许多将要奔赴海外战场的勇士们激动得热泪盈眶。而理想的实现，是用愈挫愈勇的斗志，是需要用屡败屡战的精神来完成的。正所谓艰难困苦，玉汝于成。

企业对于未来的展望和美好愿景的憧憬，往往代表着企业努力追求和争取的目标。远大目标并不是一成不变的，它往往会随着企业经营环境的改变而改变；愿景却可以在一个相当长的时期内保持不变，从而有效地指引人们前行的方向。在日常工作中，面对突如其来的变化，人们本能的反应是畏惧或者逃避，而清晰的企业愿景可以消除团队成员的畏惧和逃避心理，引领团队前行的方向并将企业

A. 有挑战性，但通过努力可达成

B. 达成的难度不应过大

C. 目标越高越好

7.你如何理解对下属进行目标激励的作用？

A. 引导和激励下属前进

B. 能激发下属的潜能

C. 让下属明确前进的方向

8.当你的下属面对比较大的目标时，你如何激励他？

A. 达成这一目标进行目标分解，一步步激励

B. 鼓励他，和他一起去做

C. 许诺优厚的物质利益

9.当你的下属达成阶段性目标时，你如何激励他？

A. 兑现承诺

B. 告诉他与最终目标的距离并给予鼓励

C. 鼓励他再接再厉

10.当员工超额完成了目标，你如何激励他？

A. 把更重要的任务分配给他

B. 树立为标杆和榜样

C. 鼓励他下次继续超越自己

说明：选A得3分，选B得2分，选C得1分

总得分如果在24分以上，说明你的愿景激励能力很强，请继续保持和提升。

总得分如果在15~23分，说明你的愿景激励能力一般，请努力提升。

总得分如果在14分以下，说明你的愿景激励能力很差，急需提升。

的未来提升到一个战略高度上来。

能够实施愿景管理的企业,一定是充满希望与活力的企业。员工愿景都能在企业实现,这样的企业其发展前景不可限量。

愿景激励能力测试

1.你通常多长时间会和员工谈论一次企业目标?

A. 一周

B. 一个月

C. 一个月以上

2.有了企业总目标,你是否会制定阶段性目标?

A. 每次都制定

B. 多数情况下制定

C. 偶尔制定

3.你如何帮助下属提高工作效率?

A. 为他们制定明确的目标

B. 为他们安排适当的任务

C. 对他们加强培训

4.你通过何种方式为下属制定目标?

A. 与下属共同制定

B. 由员工制定,我负责审核

C. 根据组织目标由员工自己制定

5.你为员工制定什么样的目标?

A. 既有总目标,又有阶段性目标

B. 只有阶段性目标

C. 只有总目标

6.你如何认识目标达成的难度?

4.树立危机意识,点燃员工的工作激情

在市场经济大潮中,企业的生存环境可谓是瞬息万变,自身资源状况也在不断的变化之中,企业发展的道路因此而充满危机。

正因为这样,任正非才会警告员工:"华为的冬天很快就要来临!"惠普公司原董事长兼首席执行官普拉特才会说:"过去的辉煌只属于过去而非将来。"

2008年1月13日午夜时分,顺丰的湖北分区遭遇了一场严重的危机。

由于所在区域隔壁房间的供电线路短路,导致大火突然燃起,随着火势的不断蔓延,顺丰的中转仓库被波及。由于大火发生的时间非常特殊,顺丰的大部分工作人员都已经下班。随着火势越来越大,大量货物被烧成灰烬。当工作人员发现公司附近火光漫天时,整个仓库已经被烧掉了一半多。

随即,他们立刻通知消防队,打电话报告上级领导,同时按捺下慌张的情绪,按照公司规定的要求,启动了顺丰的应急机制。随着消防队的到来,灭火工作逐渐进入正轨,而就在这短短的时间内,顺丰内部的危机应急程序已经完成了好几个步骤。首先,当地负责人员迅速将此事报告给总部,同时通知湖北区最高级别管理层人员。

没过多久,湖北区的总经理就冒着大雪抵达救援现场,指挥员工配合消防队员展开工作,同时作出"启用备用场地,首先保证公司内部的正常运营""尽一切力量抢救货物,最大限度减少损失"等指示。顺丰总部在得知这个突发情况后,迅速成立了应急小组。小组以

顺丰运营部总裁为组长,客服总监、营运总监、行政总监、企划总监等人为组员。他们被连夜召集起来,在副总裁的带领下立刻前往湖北区展开遭遇危机后的应对工作。而这些事情完成的时候,大火仍未完全熄灭。为了尽快熄灭大火,拯救顺丰的资产,这一夜,顺丰湖北区的工作人员几乎全都没有睡觉。

但到了第二天早上8点,按照上级的指示,他们必须要一个一个联系货物受到损坏的寄件方、收件方,向他们通告此次事件,寻求他们的谅解。于是员工们不得不强打精神,开始一个接一个道歉、解释,向顾客说明公司一定会在最短的时间内拿出令对方满意的解决方案。正当湖北区的员工们忙得焦头烂额时,总部的应急小组抵达了湖北区,接手危机处理。他们做的第一件事就是向政府部门汇报此次突发事件的具体情况。

从湖北省公安厅、湖北邮政局到湖北省政府,顺丰的高层管理人员都一一前去说明此次大火发生的原因,表示会尽快处理好善后工作。政府部门在了解具体情况之后,认为顺丰的态度非常不错,因而全力支持他们的工作。

除了依靠政府帮助进行危机公关,顺丰还制订了完善的抵制谣言计划。任何公司一旦遇到危机,最害怕的不是危机多么难以跨越,而是逐渐滋生的谣言,控制舆论对彼时的顺丰来说非常重要。顺丰提前将其他地区的呼叫中心转移到湖北区,用来援助湖北区的客服工作,同时减少顾客的等待时间。一旦顾客发现客服热线难以接通,更多的怀疑就会不断滋生,如果让这类对公司不利的言论甚嚣尘上,那带来的危害将更加巨大。

除此之外,顺丰还设立了专门的应答室,特别接待那些到顺丰公司来询问具体情况的客户,并由湖北区的总经理直接负责。由于总经理对湖北区内各项业务非常清楚,又直接指挥此次救援工作,因此这个安排不仅让前来求解的客户比较安心,还赢得了客户对顺丰的信任感。与此同时,人们也开始在网络上不断讨论此次事件。不过应急小组对这种情况早有预料,在打电话联络客户解释清楚的同时,还在各大网站对不明情况的顾客说明情况。

这样的工作持续了两天之后,顺丰的应急小组拿出了解决方案。这个方案包括两个部分,第一个部分是向公众说明火灾发生的具体原因,解释清楚为何会波及仓库,说明具体烧毁了多少货物、主要是哪些地区的快件受到了影响等关于火灾的情况。同时向公众表明顺丰同广大顾客一样,也是受害者。第二部分则是顺丰的赔偿条件。顺丰认为尽管此次事件给顾客和顺丰都带来了非常不好的影响,但是决不能让顾客为这次意外埋单。因而为了最大限度挽回顾客的损失,顺风决定按照国家《快递服务行业标准》里规定的赔偿价格的三倍,对客户进行赔偿。

这件事发生后不久,王卫也在公司内部发表了讲话。由于此次意外事件让湖北区工作人员的情绪受到了非常大的影响,他们大多沉浸在白忙活一场的无奈和沮丧中,难以鼓起劲儿继续工作。因而,王卫通过此次讲话给湖北区的员工打气,表示对他们的感谢,同时决定将他们这个月的工资提高20%。随着赔付程序的启动,此次事件也逐渐平息下来,顺丰靠着自身的实力安稳地度过了此次危机。火灾危机过去没多久,一场灾难再次"袭击"了顺风。这场灾难就是五十年一遇的大雪,众多交通要道陷入瘫痪状态。我国的大部分快递企业也因此陷入了送货危机。

自1月10日大雪落下开始,越来越多的快递公司发出声明,停止收发件或者只收件暂缓发件。考虑到残酷的天气情况及其带来的潜在危险,民众也表示理解这些快递公司的决定,但是部分重要货物或文件的滞留仍然让他们困扰不已。就在这严峻的形势之中,王卫却做了不停止收发件的决定。

这并不是因为顺丰没有受到冰雪风暴的影响,实际上顺丰的营业点中有将近十个省区市都遭受到了剧烈的冲击。这还不是最主要的,航空环节的滞留才是让顺丰感到巨大压力的所在。大量的航班取消,大量的航线因为安全问题停止运营,顺丰的许多货物因此无法及时送达目的地。但是决定已经作出,王卫又是个不愿意轻易更改决议的人。因而,王卫专门成立了负责此次事件的"1·28小组",要求这个小组能够及时解决任何时间任何地点发生的任何紧急情况。在严格的要求和强大的压力下,顺丰的员工们必须付出巨大的努力才能克服自然灾害带来的困难。为了将货物送达目的地,每一天,他们都辛勤劳动着,甚至在温度降到零下的环境里挥汗如雨。

由于雪灾的突然性,等到清点仓库库存时,员工才猛然发现,每一天都会有超过150吨货物的囤积。这个数量可不得了,一旦来不及发货,就可能出现爆仓,物流周转不灵随即而来,顺丰长期以来打造优质高效形象就将被砍去一大半。为了顺利解决这个问题,王卫下达命令,不惜一切代价,一定要把货物送到,让物流链持续运转,绝不能出现堵塞的情况。因而,能够拉近与目的地距离的一切手段都被顺丰用上了。

首先就是航空。能够将货物最快地送达目的地的交通工具就要数飞机了,采用这种方式不仅能够在风雪天气避免陆路运输中可能出现的危险情况,还能够更迅速地缓解物流链的停滞情况。但是当时绝大部分的航线都已经停止,能够用的飞机也屈指可数。为了解决这个问题,顺丰不惜高价租来了飞机的腹仓进行送货,自己的全货运包机也开通了付费专线全天待命。为了能够随时起航,为了能够保证货物的畅通流转,他们没有在投资上吝啬。但是很快,随着天气越来越差,航空运输变得越来越危险,能够飞行的航线也越来越少。没有办法,顺丰只能采取陆运的方式。于是他们花重金租赁长途干线车,专门用来运送货物。就在这些艰难的日子里,顺丰给民众留下了深刻的印象。尽管顺丰公司内部也有人受不了这种残酷的环境,选择离开,但是更多的人留了下来。不管是高管还是最基层的员工,每一天、每个人,都只有几个小时的休息时间,熬夜通宵更是家常便饭。

他们的目标只有一个,那就是将仓库里堆积如山的货物迅速地送出去。正是由于员工们的不断努力,到了2月2日,顺丰积压的货物只剩下100吨。按照计划,最多到2月5日,这些货物就能被运送完毕。值得一提的是,顺丰接到手里的货物远远不止大雪初下时那点数量。由于顺丰是所有民营企业中仍然保证在这种特殊天气里持续运行的公司,因而对许多急于送件的顾客来说可谓救命稻草,越来越多的订单向顺丰飞来,在严酷的天气条件下,货物的保存情况不容乐观。顺丰为此特地安排了专业的人员前来辅助,重点是加强防范措施,比如防火防水等。仓库的安全同样要有保证,因此全天24小时的监控也非常有必要,同时在特殊时期总可能发生特殊事件,人力看守也必不可少。就是在这样严格的要求下,顺丰兑现了自己的承诺。

2月24日,一场持续了一个多月的特大寒流侵袭终于过去了,顺丰在这场危机中的表现,将他们在公众心目中的形象提升了一个档次,尽管人力、财力付出巨大,但是顺丰得到的以及潜在得到的,要比付出的多得多。

企业老总们对危机的感受是深刻的,但一般员工并不一定就能感受到这些危机,特别是不在市场一线工作的那些员工。

很多员工都容易滋生享乐思想,他们认为自己收入稳定,高枕无忧,工作热情也日渐衰退。因此,企业领导者有必要向员工灌输危机观念,帮助他们树立危机意识,不断点燃员工的工作激情。

一个具有忧患意识的企业,也一定是一个充满着希望的企业。对于企业来说,最大的风险就是没有危机意识。所有的成功企业,都是注重危机意识的企业。比如海尔集团以"永远战战兢兢,永远如履薄冰"为生存理念,使企业保持蓬勃向上的发展势头。小天鹅公司实行"末日管理"战略,坚守"企业最好的时候,也就是最危险的时候"的理念。

第一,企业要向员工灌输企业前途危机意识。

企业领导要告诉员工,企业已经取得的成绩都只是历史,在竞争激励的市场中,企业随时都有被淘汰的危险,要想规避这种危险,方法只有一种,那就是全体员工都努力工作,才能使企业更加强大,永远处于不败之地。

第二,向员工个人灌输他们的个人前途危机。

企业的危机和员工的危机是连在一起的,所以所有员工都要树立"人人自危"的危机意识,无论是公司领导班子还是普通员工,都应该时刻具有危机感。告诉员工"今天工作不努力,明天就得努力找工作"。

如果员工在这方面形成了共识,那么他们就会主动营造出一种积极向上的工作氛围。

第三,向员工灌输企业的产品危机。

企业领导要让员工们明白这样一个道理:能够生产同样产品的企业比比皆是,要想让消费者对企业的产品情有独钟,产品就必须有自己的特色,这种特色就在于可以提供给顾客的是别人无法提供的特殊价值的能力,即"人无我有,人有我优,人优我特"。

(1)可以在企业内部积极开展自我竞争(技能)、自我淘汰(产品)。

(2)严把质量关,不让次品出厂,从严治企。

(3)提高服务质量,认真对待每一次客户投诉,不因小失大。

5.拉近员工与自己的距离

为了拉近员工与自己的距离,一向不愿谈私事的王卫,甚至在内部刊物上讲起了自己的经历,以期能引起现在一线快递员的内心共鸣。

我很小的时候从内地去香港,之后从事快递行业又自香港回到内地,等我22岁创立顺丰的时候,已经经历了很多事,而且,这些人生经历是其他人很难具备的。我也曾进到一些家族企业工作,看到很多家族人员之间的钩心斗角的情况,有时候连我这个无辜的人也牵连其中。所以从那个时候开始,我就对溜须拍马、拉关系的行为特别痛恨。一直以来,我不觉得自己的哪些地方比别人强,强在判断力?强在聪明才智?强在眼光超前,选中了物流行业?都不是,能够成就今天的事业,只不过在于之前的积累和自己的勤奋。所以态度很重要。

王卫这一番真诚的话,也让十几万名员工感到自己老板的亲切,王卫并不是那般的高高在上。

尊重是人的较高层次的需要,在团队管理中,人人都需要受到别人的尊重。许多团队的管理者都有一个通病,就是对成员不够关

【王卫的谜 顺丰的那套办法】

心。如果平时不关怀、尊重团队成员,处处以命令的方式叫他们做事,团队成员肯定会心有不甘,产生抵触情绪,甚至离开团队。

海底捞从路边小摊成长为现在的餐饮连锁机构,正是因为公司本着将员工当家人看待,让员工把公司当成家的理念在管理。

让员工把公司当成家,他们就会把心放在工作上。一个家庭不可能每个人都是家长,但不妨碍大家都对这个家尽可能作出最大的贡献,因为每个家庭成员的心都在家里。

那么,又要怎样才能让员工把海底捞当家?海底捞的管理者张勇觉得这简单得不能再简单,把员工当成家里人。如果员工是你的家人,你会让他们住城里人不住的地下室吗?不会!可是很多北京餐馆的服务员就是住地下室,老板住楼上。海底捞的员工住的都是正规住宅,空调和暖气,电视电话一应俱全,还可以免费上网。公司还雇人给宿舍打扫卫生,换洗被单。公司给员工租房的标准是步行20分钟到工作地点,因为北京交通太复杂,服务员工作时间太长。

如果你的姐妹从乡村初次来北京打工,你一定担心他们路不熟,会走丢;不懂规矩,会遭城里人的白眼。于是,海底捞的员工培训不仅仅有工作内容,还包括怎么看北京地图,怎么用冲水马桶,怎么坐地铁,怎么过红绿灯……

有一位员工最初在海底捞旁边的一家小店打工,最终选择来海底捞,是因为海底捞的工作服很好看。"我们的工装是100元一套的好衣服,鞋子也是名牌——李宁!"做过服务员的张勇知道:服务员的工作表面看起来不累,可是工作量相当于每天走10公里的路。

你的姐妹千里迢迢来打工,外甥和侄子的教育怎么办?不把这个也安排好,她们不可能一门心思扑在工作上。于是,海底捞在四川简阳建了寄宿学校,因为海底捞三分之一的员工来自四川。

海底捞不仅照顾员工的子女,还想到了员工的父母。优秀员工的一部分奖金,每月由公司直接寄给在家乡的父母。谁不想孩子有出息?可是衣锦还乡的毕竟少数,而公司每月寄来的钱让这些父母的脸上有光彩。中国人含蓄,中国的农民更含蓄,心里骄傲不好直说,却说:"这孩子有福气,找到一家好公司,老板把他当兄弟!"难怪员工都管张勇叫成张大哥。

如果你的姐妹结婚了,你能眼看着年轻的夫妇分居吗?如果妹夫没有工作,你能不替他着急吗?于是海底捞的人事政策又让人力资源专家大跌眼镜,鼓励夫妻同时在海底捞工作,而且提供有公司补贴的夫妻房。

海底捞的招工程序也别具一格,提倡内部推荐,于是越来越多的老乡、同学、亲戚一起到海底捞工作。与此相对,许多公司把亲属回避当作铁律。张勇为什么要这样做?因为他知道家人之间不仅有亲情,更重要的是信任,打仗亲兄弟,上阵父子兵。社会学告诉我们:绝大部分人在熟人圈里的道德水平比在陌生人群中要高。看,无师自通的海底捞又胜了一筹。

把员工当成家人,就要像信任家人那样信任员工。如果亲姐妹代你去买菜,你还会派人跟着监督吗?当然不会。所以,海底捞200万元以下的开支均由副总负责,而他们同张勇都无亲无故。大区经理的审批权为100万元,30万元以下各店店长就可以签字。40多岁的张勇,如今已经"半退休"。授权如此放心大胆,在民营企业实属少见。

如果说张勇对管理层的授权让人吃惊,他对一线员工的信任更让同行匪夷所思。海底捞的一线员工都有免单权。不论什么原因,只要员工认为有必要就可以给客人免费送一些菜,甚至有权免掉一餐的费用。在其他餐厅,这种权利起码要经理才会有。

聪明的管理者能让员工的大脑为他工作。为此,除了让员工把心放在工作上,还必须给他们权利。张勇的逻辑是：客人从进店到离店始终是跟服务员打交道,如果客人对服务不满意,还得通过经理来解决,这只会使顾客更加不满。因此把解决问题的权利交给一线员工,才能最大限度消除客户的不满意。

当员工不仅仅是机械地执行上级的命令,他就是一个管理者了。按照这个定义,海底捞的员工都是管理者,海底捞是一个由6000名管理者组成的公司。

忠诚度高的员工会带来超乎管理者想象的工作热情和业绩,那么怎样才能构建员工的高忠诚度呢？员工如何与企业构建一种信任、持久的关系是管理者需要面对的问题,相对于过去的情况而言,今天的员工管理会有更多的挑战性,一方面来源于因全球化所带来的价值多元化,另一方面来源于员工自我意识的强化。

传统的观点,企业和员工是一个结合体,企业支付福利报酬换取员工的劳力劳动,我们最常见的是我们与员工之间都要签订劳动合同,劳动合同的约定是双方劳动关系的基础,而且是约定双方的履行的责任和义务。在这个层面可以看出,企业正式录用你后,这张合同要保持相当长的时间,开始可能有一个试用期,有一年、二年的劳动合同,有些时间比较长的是长期劳动合同。你和一个企业的关系不仅就是几张纸,这里面涉及到很多感情、很多诉求方面的,这些东西在劳动合同上都没有体现出来。

很多企业在这个层面已经做得非常深入,例如除了劳动合同外,还有工会、薪酬福利方面,劳动安全方面不仅是做日常工作方面,其他还有关于人文的设计,绝大部分的企业,员工关系是相对简单的,在这块,在这种情况下,我们提出心理契约的概念,这个新型的关系,是基于企业和员工的契约,不断提高员工的幸福感和归属感。

心理契约这个概念是20世纪80年代美国一位学家提出来的,这个概念是隐性的,是无法用白纸黑字提出来的。这个核心的目的是达到员工的满意,按照他的理论,更多地解决人的基础的需求,例如关于生存、安全的情感,生理契约的管理更好地满足人的高级需求,包括尊重,来激发人的全部潜力,心理资源的目的是实现员工的满意度和归属感和对工作的投入。因此如果企业要提高竞争力,就要在员工的满意度上着手,就要进行全面的管理。

6.打造"不离不弃"的团队

互信就是相互之间可以托付,换句话说,也许就是不离不弃。如果一遇到不景气就解雇员工,如果把员工视为可以随时替换的人才市场的商品,这就很难达成企业所需要的与员工之间的信任与相互尊重。人是企业最重要的资产,这个资产,不是买与卖,而需要用心经营,需要投入才能换来不一样的产出。

在顺丰公司论坛里,记录着这样一个故事。一个女孩在进入顺丰第六年时,成为了一位孕妈妈。由于爱人在外地工作,女人生命中最重要的时刻只能与肚子里的宝宝做伴。也许是身体素质不好,也许是营养上的不足,女孩眼睛出现了严重的炎症,每天都要到医院打抗生素,但是情况却完全没有好转,女孩被怀孕和眼疾折磨得疲惫不堪。就在女孩要放弃的时候,公司的同事们得知了女孩的情况,便承担起轮流照顾她的责任。工作上,同事们尽力帮她分担,保证女孩的身体不疲劳；生活上，为了避免女孩一个人胡思乱想，住得近的同事就经常拉她去家里做客。到产检的时间，同事们就陪着她，拿着单子在各个楼层跑来跑去；到回家静养的时候，老公没赶来，领导和同事们却提着营养品登门了。每当这时候，女孩的泪水都会在眼睛里打转转，不是难过，而是一种幸福和快乐。

在顺丰，她不仅得到一份工作，还收获了一群至亲的家人。她在论坛里写下了自己最想说的一句话：加入顺丰，真好！

管理者要想发挥员工的最大潜能，就要信任员工，放心他们去工作，绝不能让他们老是处在一种被监视的状态下工作，以致使他们背上心理包袱。这样对他们、对企业都没有好处。这其实涉及一个互信的问题。互信是人际关系的基础，尤其是具有人才特质的人，总是希望主管能有"我办事，你放心"的心态，在工作上才能放手去做。

如何在企业内部建立更好的互信关系呢？除了要应用管理控制的科学管理方法去除互信的障碍外，管理者还要经常与员工进行思想交流。

和员工经常交流思想的做法从本质上说应是互动式的，既需要员工能解除思想顾虑，向管理者诉说自己的思想波动和要求。但更重要的是，管理者自己能够让员工感觉到你和他们没有距离。一家成功企业的总经理曾经很自豪地谈起他与员工相处的方式：他与员工一起工作，一起吃饭，一起读书，慢慢地，企业内形成了一种氛围，大家一起享受成功带来的喜悦，也一起分担困难带来的忧虑。和员工们建立伙伴关系，首先要出自于真诚的心，互相扶持，这样员工们才会付出更大的努力，作出更多额外的贡献。

而重视团队的成员，平时多关心他们，重视他们的表现，听听他们的心声，采纳他们好的意见，他们就会自动、自发地参与团队的各项工作,积极配合其他人来完成任务。

小王是某区的巴枪操作员。有一天,他给公司邮箱发了一封邮件,反映工作状况:"我们这边一般是在晚上吃过宵夜后,开始操作巴枪。工作中,大家总是弯着腰'巴'件,从凌晨1:30工作到早上6:00,4~5小时的时间都是弯着腰作业的,很多员工下班后腰都直不起来。公司能不能设计一个改善方案,比如设一个台子或铁架,让大家能站起来操作巴枪。这样,既不影响工作,操作起来也能方便很多。"

公司收到小王的邮件后,非常重视,很快就与该区相关负责人取得了联系。经过调查、了解之后发现,小王反映的情况在公司里确实普遍存在,员工们长期弯着腰"巴"件非常辛苦,而且对身体也造成损害。如果像该员工建议的那样,放置一个平台或支一个铁架堆放快件,确实能够改善这种状况。可问题是,操作现场空间有限,放置平台或铁架会影响车辆流动和场地面积,不太可行。

不过,公司的行政部和中转场经理并没有就此罢休,大家经过商量和研究之后,决定配置一批板凳给中转场人员使用,以便大家坐下使用巴枪,或者在工作空隙坐下休息一会儿,这样肯定能够减少大家弯腰的时间。

该方案被采纳之后,很快便得以推广,在很大程度上改善了中转员工长时间弯着腰工作的现实状况。

也许这个案例所反映的不过是一件普通的小事,可是在小事中,我们却看到了顺丰集团对员工们真切的人文关怀。也唯有这种事无巨细、处处从员工的角度着想的态度,才能真正赢得员工的尊重和爱戴,进而形成强大的团队精神和凝聚力,为公司赢得更加长远的发展。

【王卫的谜 顺丰的那套办法】

王卫在公司里最常说的就是,顺丰的一线收派员才是最可爱的人。在顺丰,客服呼叫中心是除了快递员之外,最直接与客户接触的部门,他们的工作量很大,每年的最后三个月都是最忙的时候。这时候,人力资源、行政、客服等部门都会参与到协助呼叫中心的工作中来,经理、主管也不例外。忙碌让他们疲惫,也让整个团队更紧密地团结在一起。金融危机的时候,全球的企业都在裁员,中国的员工也面临着随时失业或者减薪的问题。但是王卫一直和员工站在一起,为他们加油鼓劲,他非但没有裁掉一个人,还在年终时给每个人发了一大份年货。员工们都说:"他们在顺丰工作很自豪,因为公司处处都在为员工考虑,老板时时挂念着员工。"

环境对人的影响是不容忽视的,尤其是对刚进入企业的年轻人来说,他们不仅重视企业内部的人文环境,而且还重视企业为他们所营造的学习环境。日本企业家之父涩泽荣一在其广为流传的名著《论语加算盘》中说,"真诚、诚心是商战中制胜的法宝。"日本企业创造的奇迹证明了他的论断。日本企业内部良好的人际关系大大提高了日本企业的竞争能力。日本企业家对员工能做到以诚相待,如果公司面临困境,老板会把真实情况告诉员工,然后群策群力,共渡难关。正是这种相濡以沫的真诚使员工能以公司为家,竭力为公司奉献自己的聪明才智。相反,一些公司为了追求短期利益不惜欺骗员工,员工与老板之间的关系缺乏真诚的基础,从而影响了公司的竞争能力。

员工是一个特殊的群体,有自己的感情,对外部环境的反应非常敏感。工资和奖金并不能买来百分之百的"忠诚",高薪固然很重要,但是决定员工最后选择的往往是企业的整体环境。根据一份对企业员工的调查结果表明,在所有的激励因素中,员工对企业的"认同感"排在了第一位,接下来是工作成就感、晋升机会以及对工作本身的兴趣等,而高薪只排在了第五位。这里所说的员工对企业的"认同感"不仅包括对公司管理制度的看法、与管理层的关系、工作条件及所处地位,同时还包括一个良好的、有长远预期目标的、稳定的工作环境。

7.必胜的信心和豪情

一个没有信心的企业是无法在竞争中取胜的,因此,在遇到问题时,创业者一定要正确、客观、公正地估量竞争对手的实力,切不可"长别人志气,灭自己威风",更不能盲目自卑、不战而退,要用必胜的信念为成功杀出一条血路。

王卫在顺丰的发展方面有着近乎笃定的自信。

2007年,国际快递企业的资源整合行动进入高峰期,美国联合包裹(UPS)也开始大规模地增加中国快递网络建设,给中国民营快递企业施压。同时嘉里大通也积极铺设国内的公路物流网络,而国内传统的快递企业,为了加快发展脚步,也开始了大规模的并购行动。

申通快递收购了海航旗下的天天快递。所有以物流或者快递为主营业务的企业,均开始向着大物流方向前进。很少有企业拒绝改变,没有人拒绝进入大物流行业。但就在这样的环境下,王卫领导下的顺丰不仅拒绝并购,甚至在进入大物流这一集体活动中表现得相当不积极。外界评价他和他的顺丰"硬得有点不合群,像块石头"。王卫之所以会拒绝外资收购,不仅是因为情感上的依恋,而是在于他对顺丰价值的高度认同。

他认为顺丰在未来依然有强劲的发展动力,内地的快递市场也依然还有很大的发展空间,外资所开出的价码,完全低估了顺丰和未来顺丰的价值。王卫始终存在一种朴素的爱国情怀,认为顺丰是民营快递的骄傲和标杆,他不希望为了钱而失去这一宝贵的品牌。

"相信"对创业者来说有着巨大的力量,马云就曾经说过:"我相信'相信'。第一要相信你能活,第二要相信你有坚强的存活毅力。相信自己做的事情是对的;相信自己做的事情非常难,没有几个人做得了,自己能够尝试就已经胜利了一半。"马云曾自信地说道:"我就是打着望远镜也找不着对手。"马云在业界一直被认为是一个"狂人",这种"狂"一方面是指他的想法看上去总是很疯狂,而另一方面正体现了他对自己和自己的团队拥有的强大自信心。

马云虽然"狂",但他的自信并不盲目,他曾说:"自信不是盲目。自信也要注意策略、技巧、方法。如果你充分相信自己有能力进行任何活动,那么,你实际上就能获得成功。一旦你敢于探索那些陌生的领域,便有可能体验到人世间的种种乐趣。我的座右铭是'永不放弃',是自信让我不管遇到多么严重的挫折,不论碰到多么巨大的困难,都不会发生动摇。"相信自己,是相信自己的优势,相信自己的能力,相信自己有权占据一个空间。只有相信自己才能让周围形成一股通往成功的暖流。自信是创业的最大资本,因为人与人之间常常是自信心的较量。不是你影响他,就是他影响你。

而我们要想让别人相信自己,首先自己就得相信自己。只有拥有强大的自信才能感染别人,影响别人,进而征服别人,让别人因为受到你的影响而相信你。

新东方创始人俞敏洪始终坚信："哪怕是没有任何希望的事情，只要有一个勇敢者坚持去做，到最后就会成为希望。"

"绝望"与"希望"是俞敏洪在演讲中经常提到的两个词语。

在他看来，不管是自己在年少时代的坎坷经历，还是创办新东方的艰难历程，都可以用"在绝望中寻找希望"来形容。俞敏洪出生于江苏江阴一个农民家庭。在他中关村新东方大厦的办公室里还挂着当年农村老家那间破旧房屋的照片，为的是永远记住那段艰苦的岁月。1978—1980年三年间，俞敏洪经历三次高考，他用坚持和毅力，冲破两次失败的阻拦，最后考上了北京大学西语系。但是进入北大，也是俞敏洪痛苦的开始。

在班上，俞敏洪是唯一从农村来的孩子，他不会说普通话，班会上他做自我介绍时被同学们嘲笑成是在说"鸟语"。分班时，他从A班被调到最差的C班。大三时患上肺结核休学一年，人变得更加瘦削。大学读了五年，拼命努力，却一直是班上后五名的差生。1985年大学毕业后，俞敏洪留校成了北大的一名教师，接下来便是6年多平淡的教书生活。期间，周围的朋友们都陆续出国，俞敏洪也开始为自己的出国梦努力。

1988年，俞敏洪开始刻苦攻读TOEFL和GRE，最终以高分通过了TOEFL考试。最后，俞敏洪拿到了美国一些大学的录取通知单，但是没有奖学金。当时他一穷二白，美国最低学费也得2万美元，当时相当于人民币12万元，而他当时在北大的工资是100多块钱，怎么可能呢？算下来，在美国读书4年的学费，是俞敏洪222年的工资。因此，从1988—1991年，俞敏洪的出国梦在拼命努力了三年多之后，还是没能实现。

后来俞敏洪在校外开设培训班,受到北大的处分。因这一沉重的打击而备感郁闷和屈辱的俞敏洪,决定离开北大。在他离开的第二天,北大就立即收回了分给他的宿舍。

转眼间,工作没有了,住房没有了,没有容身之所的俞敏洪和妻子,只能四处寻找房子。最后,为了节省支出,俞敏洪租住在北京市郊六郎庄一户农民的平房里,靠给房东的孩子辅导功课来抵消房租。那时的条件很艰苦,但对于俞敏洪而言,总算有了一个落脚之地,他万分感激。正所谓"置之死地而后生",这种让人近乎绝望的境地,反而激发出了俞敏洪寻找希望的巨大力量。由于已经在教学中积累了丰富的经验,俞敏洪决定投身英语培训行业,放手一搏,创办自己的英语培训班。只是连他自己都没想到,这希望之火,后来竟然如此熠熠生辉。

任正非在华为的内部讲话中也说:"我们从事的事业,是为了祖国的利益、人民的利益、民族的利益。相信我们的事业一定会胜利,一定能胜利。公司前程如何,客观环境自然是一个因素,但更重要的还是我们内部的主观努力,能不能不断批判自我,超越自我。"

在华为最为艰难的时期,任正非也鼓励员工们要有必胜的信心和豪情,只有这样,才能"下定决心、不怕牺牲、排除万难、争取胜利",这种必胜的精神,与其说是一种信念,不如说是一种狼性、一种不畏强敌的自信!在面临困境、危机四伏的紧要关头,企业一定要克服畏敌情绪,拥有必胜的信心,这才是战略决策的关键。

8.王卫的"心法四诀"

王卫介绍顺丰管理理论体系时曾说过,"顺丰的经营五元素包括质量、品牌、市场占有率、利润与抗风险",王卫说,"犹如金木水火土是双生双克的关系,五元素必须保持平衡,在某一环节上投入过多就会打破平衡"。而在五元素下还有极为细致层层分解的五元素行动方案,由每个部门制定与执行。

王卫说顺丰管理理论体系只是企业管理的外功,练外功的同时还得有心法,要不然就会"走火入魔"。

王卫的"心法四诀"是:有爱心,与员工有同理心;有舍心,与员工慷慨分享;有狠心,出于爱与舍对员工严格要求;有恒心,长期坚持这样做下去。

王卫的心法四诀包含着对生意的参透与对人性的领悟。

以下是记者对于王卫的采访。

问:21万人怎么管?

王卫答:员工要尊重,给他尊重;要收入,给他收入。当他月收入上万,他会要你两千的手机吗?如果有人真拿两千的手机,我会不计代价地去查,五百也往下查。人性都是趋利避害的,弄清这点,即便是40万人,也没什么难管的。

问:您对中层怎么管理?

王卫答:我们的中层都是公开竞聘,包括副总裁与区总级别的职位都抛出来竞聘。先通过一些业绩、过去管理层评价等指标筛选,然后他告诉我为什么要做,他能做成什么样。我们要做的是将有能力、有意愿的人放到他愿意去的位置。

问：你高中就离开学校，但见解远远超过许多高学历的人，你是怎样领悟的？

王卫答：我没有条条框框，一切都回归到"面临什么问题，需要什么东西"。有时我们学了某个框架就想套用，因为不理解设计初衷，而不知道是否匹配。20多年来我一直在寻找适合的框架，最终是佛学的因果循环让我很开窍。

下面是王卫发表在顺丰内刊上的文章。

顺丰要想成为最值得依赖和尊敬的中国速运公司，要体现出与其他企业的不同气质，关键在于我们所有的顺丰人，特别是高层管理人员，有共同的梦想。顺丰用人的价值观，并不只是看你的业绩好不好，嘴巴甜不甜，我们看中的是你的人品，你的工作态度……失败不要紧，只要你的态度是全力以赴，我陪着你继续闯关。

但是，如果你没有尽力，你忽悠我，那不好意思，我不跟你玩。在地区的管理中，有些涉及钱款的案例，比如在如何处罚的尺度把握上，有些人说："这些钱，数额这么小，有没有必要定为五类责任？经理、高级经理、区总都受连带处罚，是不是小题大做？"有些高管还为道德价值观有问题的人求情。你要搞清楚，这是牵涉到价值观的原则性问题。价值观不是用来讨论的，也不需要量化。我把维护顺丰的价值观看得比维护我王卫的面子更重要。因此，我不会对价值观有偏差的人宽容。"不是一家人，不进一个门。"在顺丰，和我们的价值观不一致的人，不管是哪个级别，迟早要走人。我在一些事情的处理上，可能有些人会认为比较极端，但如果大家听完我今天的想法，希望你会理解我为什么对一些事情的追求这么执着，对一些不讲诚信的人的处理手法那么强势……我并不是要针对谁,因为大家都是我的同事。大家在网上也看到一些帖子,有一部分是收派员因为遭到一些基层管理的不公平对待或不诚信,在骂公司。

骂公司的背后,其实有的是在骂分部经理,因为他看不到经营本部总裁、地区区总,他天天看到的是分部经理,分部经理的言行举止是公司价值观的一个缩影。所以,如果你是区总,你千万要盯着分部经理,他的管制权威、他的一言一行,都是你对他的授权,你代表谁?你代表着公司的授权,因为公司认可你。

今天,我们要好好再看看这些帖子。看到收派员骂公司,我并不伤心,因为确实是我们的一些工作没有做好。只讲不做不是我的风格。这么多年以来,顺丰没有特意地宣讲价值观。我只是想做给大家看,我王卫有没有讲一套做一套?我有没有追求名利……我敢接受任何挑战,如果你认为我在哪方面是讲一套做一套,指出来,我感激你。如果我个人做不到"阳光",我没有资格在这里和大家讲"阳光",如果我没有资格和大家讲"阳光",这个企业是没有阳光大道的。钱是永远赚不完的,今年你几十万年薪,你会有相应的欲望;明年你一百多万年薪,你会有更多的欲望……对我而言,只有精神上的富有,才是真正的富有。要我牺牲顺丰的价值观,你开价40亿美元我都不会动心。

顺丰的价值观对我而言,已经凌驾于名利,甚至生命之上。2008年年底,在提升内部服务意识整顿工作中,我们要坚持以人为本的管理理念。这几年,在我们的行动方案里,一直在强调如何提升内部服务意识,因人而变地调整管理办法和改善工作环境。因为我们要成为最值得信赖和尊敬的速运公司,首先要获得的是员工的信赖和尊敬。

17年来,许多60后、70后的同事伴随公司一路走到现在,为公司做了很多的贡献。接下来,我们将看到越来越多的80后甚至90后走上工作岗位,成为我们的接班人。我们会明显地感受到,不同年龄段的就业群体对工作本身的认识和个人追求是有很大差异的,这对公司的管理提出了一个挑战,我们所努力要做的,不仅仅是不断调整管理思路、最大限度地满足员工需求,还要真正将这些行动方案落实到位。

管理要因人而变,新一代的年轻人进入公司,对公司的管理,尤其是基层管理来说是一个挑战,但这同时也是一种机遇。随着就业群体的改变,公司调整就业模式和管理思路的难度及紧迫性增加了。但值得庆幸的是,我们对此早有准备,因为我们一直坚持以人为本的管理理念。一个好的企业,首先要做到的是奖罚分明,这也是我们顺丰现阶段在做的工作,这样做的目的,就是要让员工明白,奖罚是有依据的,并不由某个人的偏好来决定。然后在接下来的三年里,我希望能做到奖罚对称,有奖有罚,多增加一些鼓励的成分。最终我们要达到的是以鼓励为主来推动我们共同事业的发展,让大家在这种良性机制下,自觉地规范自身的行为,并形成一个良性循环。这些工作,我们会坚持一步步地推行下去,并最终达到我们的目标。

同时,面对新一代的就业群体,我们除了积极地调整用人理念、管理制度和奖惩办法外,也一直在努力提高公司的信息化程度并改善员工的工作环境。我一直认为,投放大量的资源,去完成行动方案里提到的这些改善工作,虽然会带来成本的增加,但却是必须且百分之百值得的。因为,只有让我们所倡导的和公司实际的作为相对称,才能增强员工对公司的信赖感。从去年开始,公司就组织了中、高层管理人员到基层岗位去学习体验,目的就是让管理者亲身感受一下一、二线员工的工作环境,换位思考,提升自己的管理能力,为员工提供更好的服务支持。今年我们还会加大力度推进这项工作。

公司今年会投放3000多万元的经费用于改善基层工作环境。为了加快改善速度，公司这次决定先给预算，然后再根据地区上报的情况制订标准。此外，今年下半年我们会将工作重点放在软环境改善上，对全网络的工作氛围和工作配套软需求组织调查后，再调配相对应的资源。如何真正地化战略为行动，让每一个管理者都能切实地将这些因人而变的管理办法执行到位，跟上调整的步伐，是公司面临的最大挑战。

坦白地说，我对顺丰现有的管理状态还是有不满意的地方。比如说，当一些问题暴露出来，去跟踪处理的时候，我们会发现其实很多问题并没有那么复杂，只是在沟通的过程中把问题复杂化了。我们很多基层管理者是和公司一起成长起来的，对公司作出了不可或缺的贡献，但为什么还会存在这些沟通上的问题呢？这是因为当就业群体发生改变、管理模式和思路也随之进行了调整的时候，我们却没有对基层管理者进行相应的指导，如沟通技巧的辅导等，导致出现一些基层管理上的问题。

当然，其中也确实有一些是管理者的责任，我们对此会严肃处理。为了让沟通更顺畅，公司设有公开的沟通渠道。在总部层面，审监委和工会均设有员工投诉热线，有专人对相关投诉进行跟进。因为我们所从事的这个行业是对整个经济起着一定支撑作用的，所以无论如何都不能因为内部沟通不畅，而影响到客户的利益。我们从来都不回避问题，有什么话大家都可以摊开来讲，但千万不要采用一些触犯原则的极端方式，导致问题升级，最后让双方都没有回旋余地。如果因为极端的方式影响了客户的利益，这就是一个高压线，是公司决不能容忍的。

换个角度想想，大家除了家人朋友之外，大部分时间和同事在一起，员工之间其实也像是家人，有什么问题不能慢慢讲，有什么问题讲不清楚呢？为了不断完善沟通机制，规范问题解决方式，公司这几年一直在研发一些管理工具，如提高信息化程度，让个人需求动态都通过系统跟踪反馈出来等。今年我们会继续加强对管理人员的沟通技巧培训，以更好地解决管理层与员工之间的沟通问题。那种随意"罚、停岗"等低层次的管理手段是要坚决杜绝的。我一直相信，只要能够认真看待员工提出的每一个问题，并真诚地为员工而改变，同时愿意投放资源去解决这些问题，我们就一定能做好。

顺丰的基层管理者是需要承受很多压力的，这也相当于对这个岗位提出了更高的要求。作为一个合格的基层管理者，要非常理解公司的价值观和我们所面对的就业群体以及我们所从事的这个行业。比如，现在一些地区反映的关于基层管理者的管理风格问题，就暴露出我们有的基层管理者对公司价值观并不是理解得很透彻。当然我们要先反思在这一块公司是否做到位了，如果公司没有给他们相关的价值观培训和宣讲，或者对他们的价值观表现没有进行定期评估，价值观里一些对品德的规定没有细化到工作中相关的言行举止，那我们用什么来要求他们的行为符合公司价值观呢？价值观决定去留，能力决定上下，如果我们一系列的培训和评估做到位，那些达不到价值观要求的管理者，理所应当地就要离开现在的管理岗位。我们不能苛求每一个基层管理者的管理才能都是天生的，而且，公司在发展，我们也不能等待他们慢慢成长，所以我们必须从公司层面来帮助他们以最快的速度成长。

我们一直在努力将基层管理岗位的需求更加清晰化，并配套设置相对应的技能培训，然后传授给基层管理者，包括教会他们如何驾轻就熟地工作，如何服务好一、二线员工和客户，同时还要学会如何使用我们配套的管理工具，并将这些知识发挥到价值最大化。其实我们已经沉淀了很多东西，只是一直还没有做成一个统一模板。

有了这样的工作模板，再进行信息系统自动化，就会变成一个为我们的管理人员提供管理、参考和分析的工具，甚至能够在上面预警一些可能出现的问题，帮他们做好预防。随着我们对每个管理岗位需求了解的清晰化，一些相对应的认证和课程会出台。到时，只要你具备了晋升的基本条件，就可以根据自己的发展方向，去选择学习相对应的课程，并获得相关的管理资格认证。当你达到了岗位发展所需要的业绩之后，公司将通过绩效面谈，考核你是否符合我们的价值观。

　　结合以上几方面，并根据内部不记名投票考评，来衡量你是否符合你所申请的管理岗位要求。在顺丰，个人的成长是不靠关系的，自己的命运只掌握在自己手里。

　　员工是因，企业是果，只有员工们成长了企业才能够成长。而在员工的成长过程中，我们还要做到让最好的员工最快地成长。

第八章

员工是因企业是果，
以人为本的顺丰文化

1.在出产品之前出人才

在顺丰，做优秀的一线快递员要靠自己的拼搏和一流的服务水平，但只要有能力，快递员也能坐上管理者的位置。当一个企业越做越大，就提供了更多的工作岗位，为想要拼得一份好生活的人打开了大门。从现在求职者意向的调查来看，人们选择企业的标准不再只是工资的多少，而更多的会关注自己进入企业后能够获得怎样的提升和发展。企业也开始更多地关注员工的成长。

王卫在顺丰倡导"以人为本"，他不但要给合适的人打开一扇大门，还要送他们一把成长的钥匙。培养员工，帮助他们成长，不仅是员工的需要，也是企业的需要。

顺丰能够快速地生长，靠的就是王卫在薪酬管理方面的独门绝技——计件工资。在顺丰,快递员的底薪只有1000元钱左右,不过除了底薪,还有绩效工资,也就是快递员接单的数量。在顺丰,每一单快递费中都有固定的一部分是属于快递员的。所以,接的单越多,快递员挣得越多。这种自己做老板的挣钱方式极大地激励了一线快递员的工作干劲儿。加快速度,对顾客良好的服务态度,都会给自己带来丰厚的收入。在顺丰,每个人的月工资基本上都稳定在一定的水平,很有保障,而且月收入过万的人也不是一个两个。王卫在快递员们开心的笑容、奔跑的身姿和顺丰野草一般的发展势头中看到,薪酬对于激励员工以及增强组织竞争力有着重要意义。因为大家基本都有一个普遍的想法,那就是高薪不仅说明企业的效益好,有发展潜力,还说明员工受到企业的重视。

松下电器创始人松下幸之助有一句广为人知的口号:"在出产品之前出人才。"

早在第二次世界大战前,松下幸之助就曾对见习员工的培养发布了专门通告,在竞争激烈的市场环境下,松下幸之助更不忘发出"关于员工教育个人须知"的通告,把培养员工真正作为企业的一项任务。松下公司的用人原则是:量才录用,人尽其才。对可以信赖的人,哪怕他资历很浅,经验不足,也会把其安排到重要岗位上,让他在生产实践中得到完善。公司还常对一些有潜质的员工委以看似不能胜任的重任,用压力和紧迫感加速他们成才。

许多成功的创业者都把尊重员工,给员工成长的空间当成是企业最重要的事。

【王卫的谜　顺丰的那套办法】

　　王卫在最近的一次内部发言中谈到，现阶段顺丰发展面临的最大问题是人才缺乏，而解决这个问题，关键在于精细化管理。

　　在王卫看来，顺丰之前的高速发展主要是靠一整套机制（包括收派员的计提考核等）来推动，这套机制比较粗放，在前期市场大发展时是比较有效的，然而随着顺丰这两年来的快速发展，新业务的增加，也产生了大量的新岗位，这让顺丰在人力资源层面捉襟见肘。

　　王卫表示，"今年顺丰的人员规模将突破30万人。在我看来，30万是一个瓶颈，如何突破这个瓶颈，我认为要靠精细化的管理。目前，我们在公司内部积极推动一些新的管理模式、组织架构调整、提升管理方法论、优化更新信息系统，以期更贴近新一代的互联网思维。我们真正要推广开来的是从管理当中去发现问题，把员工在日常工作中所面临的所有问题都提炼出来，纳入一个闭环管理系统，通过相应的沟通机制和平台适时解决。"王卫坦言，这样做的目的是希望能够真正降低员工流失率。

　　此外，王卫还提到，任何一个企业，都会面临人员磨合的问题，"后来加入的人，怎么把外面先进的管理理念、工作方式或者是好的技术有机地融入公司，并且和公司原班人马配合默契，这是很多企业面临的困惑。"他认为，公司的文化、机制，包括公司管理层对于引入新人员、新技术必须要有充分的信心和决心，否则只会适得其反。

　　同时，王卫还建议，在引进外部人才的过程中，公司可以考虑单独孵化一些岗位环境，让这些人先去那里慢慢调整，逐步融合。

　　很多企业家总是埋怨身边没有人才，找不到人才，或者总是叹息人才的流失。这是什么造成的呢？是否我们自身存在某种缺陷呢？只有加强自身的修养，提高自身的素质，创建使他们满意的工作环境，才能使自己身边人才济济。

2.引进更多的高学历人才

在人们的传统观念中,快递员普遍都是学历低、素质差的一群人。网上就有不少人抱怨快递员素质低,甚至有人说"遇到素质高的快递员完全是运气好,素质低是正常情况"。所以快递员在普通人看来,完全只是靠一把子力气挣点辛苦钱,根本和高学历、高科技等词汇搭不上边。

其实人们有些地方是说对了,学历偏低的确是目前快递行业的现状。虽然学历不能完全代表素质,但是低学历也的确给快递业的转型升级带来了困难。当然这也是有历史原因的。

早期顺丰其实就是王卫带着一帮低学历的年轻人出来打拼,可以想象王卫风里来雨里去的模样,不知道为了赶时间摔了多少跤,王卫黝黑的皮肤和浑身的伤疤见证了顺丰早期的艰辛。不仅工作强度大,还要受顾客的训斥,譬如快件损坏或者延时等原因,很难想象这份劳力又劳心的工作对于当时"天之骄子"的大学生会有吸引力。

在大学生心中,快递只不过是个跑腿的体力活儿,根本与自己的学历不相匹配。而且当时王卫为了快速扩大规模,根本难以顾及加盟商学历这些细枝末节的问题,这也是如今顺丰依然存在大量低学历员工的原因。

2003年,顺丰快递北京地区迎来了首个大学生员工。这个小伙子来自东北,理想是成为一个专业技术和管理水平都过硬的职业经理人。

不过,求职没有想象中那么顺利,最后他成了顺丰的一名IT工程师，虽然在当时这并不合他意。按照规定，来到顺丰先要去做三个月的快递员，之后必须经常到一线去体验。小伙子第一个月的工资是700元，他没租房子住，在公司随便搭了张床睡觉，两个月后他拿到了3000元。他原本就不中意这份工作，也不想当一辈子快递员，于是暗暗在心里盘算起辞职的事情。这天，顺丰总部通过传真机传来几篇文章，小伙子不经意拿起来看了看，没想到这几篇文章竟成为改变他命运的转折点。文章内容写的是顺丰未来的发展战略，公司的管理制度，等等。

文字很朴实，一看就知道作者是个实在人，他看了看署名王卫。没过几天，他从同事那里听说，顺丰快递的掌门人叫王卫。这之后，小伙子决定不走了，留在顺丰。因为看完那篇文章，他觉得王卫是干大事儿的人，跟着这样的老板干不会错的。

小伙子成了"预言帝"，王卫果然带着顺丰一路狂奔。小伙子在这里获得了很多成长和发展的机会。没过几年，他就成为北京地区运营部的基层管理人员；半年后，他坐上了主管的位置。再后来，他成为高级经理，整个北京地区顺丰的运营工作全部在他的掌控之中。一个员工为什么心甘情愿长久地留在一个企业里？因为他能看到自己在这里拥有美好的未来，拥有发展的无限可能，而且员工更愿意为那些能促进他们成长的公司工作。

国内快递业已经再无敌手，想要抗衡国际快递的顺丰，必须引进更多的高学历人才。

此时的王卫也逐渐将顺丰转变为全直营化的企业，在员工招收方面有绝对的话语权，他终于等到了一个好时机。2008年的金融危机虽然重创了顺丰，但同时也给了王卫改变员工结构的机会。受经济萧条影响,大量大学生就业困难,顺丰顺势而为,第一次大量招收了本科生。真是失之东隅收之桑榆。

有了首批本科生进入顺丰之后,顺丰的员工中,高学历的本科生不再是罕见的凤毛麟角。以2008年的顺丰员工学历统计可以看出,华南地区的本科及以上学历的员工已经有三千两百多人,华东基地有接近四千人,而华北地区也有两千多人。

随着顺丰进入成熟期,王卫的眼光自然会向快递巨头看齐,想到自己曾经因为学历低受的白眼,和四大快递巨头们招聘书上那醒目的大专以上学历要求,怎能不想着提高顺丰员工的学历层次,为顺丰转型进行人才储备呢?

3.如何吸引"90后"

相比其他行业,快递行业因职业荣誉感较弱、作业环境差等原因,一线员工的流失率始终居高不下,而行业的快速发展又促使人才需求量越来越大。这是很多快递企业人力资源部门不得不面对的双重挑战。

除了招人、留人,如何管理个性普遍突出,又似乎不太能吃苦的年轻员工,尤其是"90后"一代,也是摆在快递企业面前的重要课题。

作为快递行业里的巨头,顺丰自1993年成立至今,有着深孚众望的口碑。这样的口碑源于员工优质的服务,而"更好地服务员工,则是人力资源部门的首要责任",顺丰速运集团人力资源总裁陈启明说。

下面是陈启明答媒体问。

问：快递行业真正的核心是人，但快递员队伍是一个特殊的群体，他们出入于高档写字楼间，见惯了都市繁华，而其自身文化程度低、靠拼体力赚钱，这也会给他们心理带来反差。针对这样一个流动性非常大的群体，你们靠什么做到只有20%～30%的流动率？

答：其实很简单，帮助员工成长，解决他们的后顾之忧，让他们更加愉快地工作。

人才在良好的环境下能够得到更好的发展，我们构建了优越的人才环境，在招培管评、薪酬、激励、职业生命周期等方面融入对员工的思考。

员工都希望通过适合自己的发展路径去实现人生目标，我们要做的是在畅通的人才发展渠道里，帮助他们快速地达成目标。根据员工的性格和意愿，同时启动管理线和专业线两条发展通道。

业务扩张引得大量来自不同工作背景和国籍文化的人才涌进顺丰，"兼容并包"的人才文化让他们得以适应并生存下来。

在顺丰这样的劳动密集型企业里，人性化的关怀也是吸引人才的因素之一。我们围绕"医食住教"这些实际层面关怀员工，与医院、企业、政府、学校进行沟通，帮助员工获取相关资源，以解决各类人才的后顾之忧。

问："医食住教"具体从哪些方面落实？

答：针对就医难的问题，联系医院为员工建立快速通道，获取更多的医疗资源，例如体检、重病救助；我们的"顺丰优选"也是员工的福利平台，员工可以以优惠的价格买到放心的大米、食油；年轻员工租、住房的压力非常大，我们积极地与当地政府沟通，获得相关政府资源,为员工谋求更多支持(比如廉租房);与福田区政府、教育局合作教育基金项目,希望通过深圳的教育改革帮助我们外聘的关键人才、高层管理人才解决后顾之忧。

问:员工有哪些机会得到晋升?

答:10年前,我们提出了"千里马"人才培养机制,坚持从内部选拔人才。员工通过内部选拔、培养、考核,可以从最基层的收派员一步步成长为高层管理人员。去年,一线员工成长为点部主管的占了90%以上,成为分部经理的达到80%~90%,成为高级经理的有70%左右,成为区总经理的占了60%~70%,甚至还有达到更高层级的。

问:年底物流高峰时,经常有企业因为人手不够而"爆仓",你们是如何应对的?

答:多年以来,顺丰都能从容地应对物流高峰,这得益于公司内部的"人才超市"平台。例如在深圳工作的湖南员工,如果想回家乡工作,可以通过人才超市发布请求,人力资源帮助协调湖南公司接收人员。这个平台不仅成全了员工,也可以支撑顺丰在人才相对匮乏的中西部地区的业务发展。

为了应对爆仓,我们还联合企业、学校、机构,采取"灵活用工"的方式,构建临时性的补贴体系。

春节一过就是业务高峰,很多快递企业都担心员工年后不再返岗。根据顺丰的内部推荐制度,员工推荐一个成熟工,可以获得一定的推荐费,所以很多员工节后不仅自己准时报到,还能为公司带来更多人才。

问:现在快递员中有不少都是"90后",这群人对你们的改变大吗?

答:的确,十年前的用工比较容易,现在独生子女越来越多,我们的挑战和压力也越来越大。但其实谁都明白,选择快递行业就意味着必须吃苦。所以当一个人踏入这个行业时，就已经做好了心理准备。

但并不是所有独生子女都不能吃苦，关键要看企业能给员工提供什么样的成长环境。面对"90后"，如果我们的管理模式还停留在一二十年前，这些人肯定是留不住的。也正是认清这点，我们不断地优化管理模式，例如"医食住教"等关怀措施，都是顺应新形势产生的。

问：在大众眼里，多数"90后"都很难管，你们怎么看这个群体？

答："90后"被贴上了很多标签，他们个性突出，是因为他们非常关注自我成长。他们对环境的认知度很高，所以我们应该在人才环境上给他们更多的成长机会。"90后"更喜欢主动思考，会对他们的生活、工作环境提出更多的意见，而这些意见也加强了人力资源管理在人才环境建设方面的有效性。

"90后"不接受批评，所以我们也改变了"做不好就批评"的管理模式，开通包括内部吐槽BBS在内的许多沟通渠道，希望企业文化可以包容、鼓励"90后"大胆地提出自己的意见。

问：选人时，你们会不会考虑快递员的家境条件等背景？

答：当然，我们也会有意识地招一些家庭条件不太好的员工。但我们也付出最大的诚意，真心想让他们留下来，例如不同于别的企业对员工自备电动车的入职要求，我们前几年开始执行"用者拥有"计划，为所有员工免费配备电动车，希望给家境差但愿意通过劳动挣钱的员工提供机会。

顺丰集团的管理者很清楚地认识到，未来肯定是年轻人的天下，公司的管理模式也必须逐步转变，以适应这些年轻人的需求，否则肯定留不住人才。为此，针对"90后"员工的个性特点，顺丰集团不断地优化管理模式，顺势而为地做出了很多制度上的调整和改变。比如，陈启明前面提到的"医食住教"等关怀措施都是以此为基础产生的。另外，因为"90后"喜欢主动思考，会主动对工作和生活提出更多意见，顺丰便在人力资源管理中积极地吸纳了许多"90后"提出的有建设性的建议。

针对"90后"不喜欢接受批评这一特点，顺丰也不再坚守"做不好就批评"的原则，而是通过开通内部吐槽BBS等内部沟通渠道，让员工随意"吐槽"，大胆发表自己的意见。公司这种包容和鼓励的态度，在很大程度上帮助员工舒缓了工作压力，为留住员工，建立和谐、团结的工作团队奠定了基础。

在2013年7月的迎新会议上，王卫就给"90后"大学生新员工做足了心理辅导工作。

他说："首先凡事做最坏的打算，做最好的准备。不过我仍然想提醒一下你们这些年轻人，在踏出校门之际，要做好思想准备，漫漫人生路，不可能永远一帆风顺，要学会面对很多的困难和挫折，要学会调整自己，做好应对的准备，以积极的心态，很坦然很正面地看待工作，看待人生。同时在这个过程中不要怕吃苦，不要怕磨炼，甚至有时候要学会'自找苦吃'，因为这才是通向人生坦途的捷径。如果不是你的工作，而你做了，这就是机会。机会总是乔装成麻烦的样子，让人很难抓住，麻烦来了，一般人的第一反应是躲开，因此也错过了机会。当别人交给你个难题，也许正为你创造一个珍贵的机会。对于一个真正聪明的人来说，他总是乐于找麻烦。多做一些事情，你就会变得越来越重要。

有磨炼才会有机会锻炼，有机会锻炼才会有提升，有机会提升才会上一个新台阶，最终才会有机会走向成功和幸福，这是一个完美人生的必经阶段。当然你可以说我中个彩票，就一夜暴富了，但这个几率微乎其微，很不现实，而且来得容易失去得也快，钱一挥霍光，境遇只会比以前更凄惨。成功是没有捷径的，一定要经历艰难困苦，玉汝于成这么一个过程。如果你是一个很理性的年轻人，请相信我所讲的话，你要学会面对现实，一步一个脚印，脚踏实地地走下去。

最后还要懂得成长和梦想需要付出代价，但都值得。曾经有年轻人问我，怎样才能成为一个成功人士。在我看来这个问题没有标准答案，每个人都有自己不同的机遇和命运，每个人的成长轨迹都很难复制，你自己能掌握的就是你的态度。举个例子，假如昨天有人在银行为你存了一笔钱，具体多少你是控制不了的。今天醒来你去银行取钱，不知道是取100元还是取100万元，很随机，但你拿着100元或者100万元，怎么去花这是态度和人生选择问题。你把100元用在了好的方面，比如教育学习，那你可能学了这个知识后得到了一份月薪1万的工作。但是你也可以让100万变成零或者负资产，你把100万元拿去赌，去挥霍，最后还欠了银行一屁股债，那就是另外的人生境遇了。

虽然成长成功难以复制，但我仍想忠告年轻人，成长和梦想需要付出代价，但都值得。在日常工作和生活中要怎么做呢？其实很简单，首先要学会谦卑，人生有许多东西是书本里学不到的。从人生态度上来说，就是不要把自己的位置放得很高，要放低点，但对自己要求可以很高，这一高一低之间，就有空间可以承载很多东西，学习很多东西。就我个人来说，进入社会工作到现在，从不同人的口中学到很多东西，他们都是我的老师，因为他们把人生最宝贵的东西总结出来以后交给我，再加上亲身实践，让我受益匪浅。最后，做人做事要心中有爱，佛经有云：大悲通体。别人的苦难，你要感同深受。怀有大爱，你的头定会有光环的，自然会一路顺畅。"

4.薪酬和精神福利,一个都不能少

顺丰速运经过21年的发展,俨然已成为国内物流行业的代表性企业。拥有自己的航空公司和自有的全货机,并且是国内快递行业员工第二多的企业。顺丰向来重视人力资源的建设,而顺丰的发展,也和它完善的人力资源密不可分。

作为国内最有影响力的雇主品牌之一,顺丰在人才市场上算是颇受欢迎,而顺丰在人才选拔时也是格外谨慎。顺丰所有岗位的面试通常都在2~4轮,从初始、笔试、复试到岗前体验,需要经过层层筛选,除了一线快递员和分拣员,其他岗位面试合格率往往低于10%。员工入职之后,招聘人员会时时对其进行跟踪,入职三天进行新工访谈,入职满一个月后又进行2次访谈,新员工入职一个月内会组织新员工座谈会,离职后会在一个月内进行电话回访。对于高流失的分点部,人力资源招聘组会协同员工关系组、分点部负责人进行走访,及时地分析问题并作出相应的报告及改善措施。在校招方面,顺丰也是不惜血本,每年校招遍及全国各大高校集中的城市,学生的需求量至少在2000人以上。

顺丰内部的岗位职责划分非常清晰,工作是一环套一环,招聘组完成招聘需求之后,所有的新人就集中进入下一个环节,由培训组负责跟进。顺丰对于人才的培训和人才管理极为重视,总部常年固定承包一些酒店以提供培训使用,并且培训在线上线下同时进行。地区除了全公司常规的新员工培训、业务技能加强培训外,还不定期举行回炉培训,对于一些业务能力不达标或者专业技能不够的员工进行针对性的培训。除此之外,顺丰还建立了自己的内部大学,独立开发课程、印制课本、独立开发在线学习系统以及专业的讲师团队。

在人才管理方面,顺丰很早就提出了赛马机制,已经建立了很完善的人才梯队体系。所以顺丰的运转是围绕体系制度来运行的,而非体系跟着人走。在一些其他公司当中,一旦重要岗位有变动,立马会给公司带来不可估量的损失,但是顺丰能将这种风险降到最低。一个年产值上亿的地区,总经理说换就换,而且换掉之后人才储备池里的后备总经理一抓一大把。顺丰人才储备量就最基层的仓管岗位也是1:2,而且岗位越高比例越大,以保证公司随时有人用。

顺丰的人才管理,不仅强大了自己的人才团队,又让员工自身不断升值,员工忠诚度越来越高,顺丰集团门口有两句宣传语:"谋士如云,将士如雨",这也印证了顺丰对于人才的重视以及顺丰人才团队的强大。

顺丰员工收入高于同行水平,这是大家众所周知的事情。特别是在北上广深这些一线城市,快递员月过万是很普通的事情。特别是每年的11和12月,大家内部经常开玩笑说,这两个月薪资不过万,出门都不好意思开口。顺丰的企业文化是非常务实和低调的,所以老板或其他管理者既不会给员工画饼,也不会让员工活在宣传口号中,他会让所有员工脚踏实地地努力工作,给每个人自己所应得一部分。

做好培训和人才管理,是为了让员工不断的增值。这对员工来说是至关重要的,但是做到仅此还远远不够。马云说过:"员工流失无非两个原因,第一是钱给不到位;第二是干得不开心。所以不仅要留住员工的身,还要留住员工的心。给予他们科学、公平、有竞争性的酬劳,才能更好地留住优秀人才。"

快递行业,在春节、元旦等物流高峰期,"爆仓"危机是大部分快递公司都需要面对的问题。然而,多年以来,顺丰集团在面临物流高峰时却能够从容应对,其最主要的原因就是公司内部所建立的"人才超市"平台。

比如,一个在上海工作的济南籍员工,他若想返回家乡工作,就可以通过"人才超市"向公司提出申请,公司可以协调济南的分部接收员工。这种机制一方面顾全了员工的需求,另一方面也遏制了人员流失问题,帮助公司最大限度地留住每一个员工。

在这一点上,顺丰快递员王明就很有发言权。王明老家在四川,后来到上海打工,成为顺丰公司的一名快递员。工作两年后,也就是2012年时,王明的父亲因为糖尿病酮症酸中毒而住院。为了照顾父亲,王明不得不作出辞职回老家的选择。可是一旦失去了工作和稳定的收入,给父亲治病就失去了经济支撑。最终,他抱着试一试的态度,在公司的"人才超市"向公司提出了调职申请。

公司在了解情况后,很快便批准了王明的调职申请,让他回到四川老家继续做本公司的快递员。为此,王明以及家人都对公司感激不已。回乡后,王明在下班后能够就近照顾父亲,在上班时间又不用耽误工作,而且因为心怀感激,他在工作方面更加努力了。最后,父亲在儿子的精心照顾下,病情慢慢好转,王明也在顺丰集团彻底扎下了根。

在人生道路上,谁都难免会遇到困境,而顺丰公司对员工的这种人性化管理和关怀,从根本上给员工提供了精神支柱和工作动力。如此一来,哪还有留不住员工的道理呢?

为了防止在物流高峰时段爆仓,顺丰还联合了一些社会机构、学校、企业等,接受来自上述单位的临时工来应对高峰期,并且为此建立了合理的补贴体系。

在大多数公司，春节前后一般都是容易流失员工的时段。在快递行业，快递公司也会担心员工过完年便不再返岗，影响新的一年的业务发展。为了解决这一问题，顺丰公司制定了内部推荐制度，员工过完年返回公司时，可以推荐认识的人到公司工作，这样就能领取一定的推荐费。这项制度有两点好处，一方面可以激发员工过年后回公司报到的积极性；另一方面还能为公司带来更多人才。

5.医食住教，帮员工解决后顾之忧

虽然行业快速发展导致快递业人才需求量持续增加，但因为快递业具有工作环境差、职业荣誉感较低等原因，所以该行业一直存在较高的一线人员流失率。这是大多数快递行业经营者需要面对的两难问题。

像其他行业一样，快递行业的核心竞争力同样是人才。但是，快递行业的人才流动性却高于其他行业。这主要是因为，快递员群体常年穿梭于繁华都市，进出高档写字楼，与高学历、高收入、高职位的白领、金领等群体打交道。而他们自身的文化程度一般较低，是靠拼体力赚钱的，久而久之，自然就会形成一种较大的心理反差。因此，造成快递行业工作群体的流动性异常高。

那么，顺丰是如何克服这一难题，让自己的人员流动性保持在20%~30%这一较好的水平呢？

其实，问题的答案并不复杂。就是为员工提供更好的发展之路，帮助他们解决后顾之忧，使他们能安心、踏实地投入工作中。有研究表明，在良好而适宜的环境下，一个人的能力往往能够得到更好的发挥。而顺丰则为所有员工建立起了一个优越的人才环境，在薪酬、激励制度、招培管评、职业生命周期等方面，为员工进行了长远的考虑。

每个员工都渴望实现自己的人生价值，并且通过自己的努力走出自己的发展之路。对于公司而言，帮助员工、留住员工的最好方法就是在公司内建立畅通的人才发展渠道，以帮助更多员工快速实现人生目标。因此，顺丰在尊重员工的意愿和性格特点的基础上，为大家同时开辟了专业发展路线和管理发展路线两种发展通道。

在快递行业这一劳动密集型领域中，公司想要留住人才、吸引人才无疑是非常困难的，而顺丰却凭借其对员工的人文关怀做到了。在很大程度上，顺丰围绕着"医食住教"这些基本生活需求实现了对员工的关怀和帮助。在与政府、学校、医院、企业等进行沟通的前提下，为员工提供了必要的相关资源，在解决员工后顾之忧的同时，也收拢了人心。

给员工提供"医食住教"等各项福利。

医：就医难可以说是一个非常普遍的社会问题，而顺丰集团针对这一问题，从员工的切身利益出发，不仅由公司出面为员工建立快速就医通道，而且还通过公司组织体检、重病救助等方式，帮助员工获取更多的医疗资源。

食：在"食"方面，顺丰集团为员工提供了良好的福利平台——"顺丰优选"。通过这一平台，员工能够以便宜的价格买到放心油、放心米等生活必需食品。

住：针对很多员工住房难、租房压力大的问题，顺丰积极与政府部门进行沟通，以获得更多的住房资源，如通过申请廉租房等方式，为员工提供更多支持。

教：顺丰集团不仅在公司内部积极组织各种培训和学习活动，还与培训机构、教育局等合作，投入教育基金，为公司培养关键的技术人才和高层管理人员。

多年来，顺丰一直坚持从内部选择人才的原则。也就是说，其公司内部的基层员工都是有很大晋升机会的。通过公司的培养、考核和选拔，最基层的收派员也能一点点走上高层管理人员和中坚技术骨干的道路。

2013年，有超过90%的一线员工晋升为点部主管；而晋升为分部经理的基层员工也达到了80%~90%；被提拔为高级经理的员工有70%左右。另外，也不乏一些由基层晋升为更高层管理人员的案例。

在员工招聘、留住人才之外，面对个性突出、吃苦能力弱的"80后""90后"员工，如何卓有成效地做好年轻员工的管理工作，也成为快递企业的重要挑战。在这一方面，顺丰集团堪称业界翘楚。

其管理原则正如顺丰集团人力资源总监陈启明所说："更好地服务员工，是人力资源部门的责任。"集团内部的优质管理，换来了本集团员工对顾客的优质服务，进而为顺丰集团这一快递业巨头赢得了深孚众望的行业口碑。

6.用绩效考核来让员工进行自我管理

作为快递行业前沿公司，顺丰集团快递员的业绩也是靠计件来算工资的。这种制度是保证员工高收入的前提，接收和派送的快件越多,收入也就越高。而一线员工的高收入则是保证顺丰速运高质量服务水平的核心。

虽然快递行业工作人员的基本工资并不高,可是顺丰集团的员工是有业绩提成的,这样就能在基本工资的基础上确保员工多劳多得,而且收入较为稳定。在顺丰速运,每个快递员都是自己的老板,而其自身的勤奋及客户认同度,是保证其高收入的前提。在这种情况下,顺丰收派员月薪过万的例子已经不在少数。

用绩效考核来让员工进行自我管理,这是一种事半功倍的管理方法。

一个有效的绩效评价系统肯定少不了最基本的几个要素,即评价对象、评价目标、评价标准、评价方法、分析报告。下面,我们对顺丰速运的这几项绩效考核因素进行逐一分析:

评价对象:这里说的评价对象,自然就是顺丰速运所有的员工了。而评价结果则关系着员工的奖惩和职位升降问题。可以说,绩效评价结果对被评价对象而言,是非常重要的。

评价目标:公司绩效评价系统的根本目标,就是对员工的日常工作情况、各部门的运营状况进行系统的了解和整理,进而做出合理的处理意见,比如升值、罚款、增加或取缔部门等。进行考核评价的最终目标是为公司的运行服务的,不应该成为一种流于表面的形式。

评价指标:一个公司的评价指标往往是由公司内部的关键性成功因素决定的,比如对于顺丰而言,公司业务的关键性成功因素就是快递速度、顾客满意度、派送安全性、包裹的数量和质量等,而这些自然也就是评价员工绩效的关键指标。

评价标准:要判断被评价对象的绩效好坏,必须有一个统一的评价标准,而企业的目标则决定了员工的绩效评价标准。比如说,顺丰集团将"在大中城市之间邮递的快件,必须在一天之内送到顾客手中"作为对员工的要求和目标,那么,达到这一目标就是符合评价标准的,若达不到这一目标,自然就是不达标了。

科学、合理的评价方法是绩效评价系统中非常关键的一部分。

对于一个快递公司而言,完善的绩效评价系统,必须包含这几个基本要素,而这些基本要素之间并不是相互独立的,它们相互联系、相互影响、相辅相成,任何一个要素出现问题,都会让整个评价体系陷入混乱状态。

可以说,顺丰集团的成功与其合理的考核流程设计密切相关,而合理的考核流程设计还必须以"服务顾客"为最终目标,唯有如此,才能提升顾客和整个快递市场对本公司的评价。对于顺丰公司而言,服务于顾客是每个顺丰员工的职责。快递行业本身就是顾客的所有物流活动和供应链过程中的产物,而员工们的服务水平,则决定着物流系统为客户创造空间和时间效应能力的尺度,它决定着公司是否能够留住老顾客,并吸引更多的新顾客。因此,员工在服务水平绩效方面应该做到,及时达到顾客的期望和需要,并能通过与顾客的交流,获得更多与业务活动相关的思路或线索。

对员工服务质量进行绩效评估,是员工绩效评估系统中很重要的方面,而整个快递系统运转时所涉及的评价原则有以下几个方面:

(1)做到运送及时。快递公司和员工需要做到尽量减少包裹的再转和待转时间,从而确保包裹的运送速度,并且尽量做到上门服务。在这一点上,顺丰集团及其员工已经走在了快递行业的前端。

(2)确保快件投递的准确性。这就要求员工做到耐心、细心,从而保证快件在运输过程中的正确传递性,保证每一次包裹流转都能进行清晰的手续交接。这样一来,包裹的准确运输也就不难做到了。

(3)保证商品的安全性。这要求员工在运输和派送包裹的过程中,要竭尽全力保证包裹的安全性,尽量避免发生包裹丢失、燃烧、污染、破坏、变质、爆炸等事件。

顺丰快递的3项评价原则,对于员工来说也就意味着要想让顾客满意,就要在最短的时间内,快速、可靠地将快递送达。

7.领导者的器量决定成就

不管是业内同行,还是管理领域的专家,几乎对顺丰都有一个共同的认可,那就是:顺丰非常善于用人。

顺丰的用人之道主要体现在对三种人的运用上:第一,精于网络管理的老邮政人;第二,善于维护社会关系的政府官员;第三,为顺丰带出精良标准的队伍的军转干部。

对于这一点,王卫的说法是,人生就应该做一些于己于人都有意义的事,他创立顺丰这样一个企业,不仅是为了给多少人提供一个就业的平台,还希望能够通过这个平台,将正确的人生态度传递给尽可能多的人。

每个人重视的点不一样,有的人会觉得,只要获得足够的利益就可以,因为利益是实实在在的。而王卫却恰好相反,他说自己更愿意投在看不见的东西上,而这"看不见的东西"就是人。

不过,王卫的做法却不能得到所有人的认可。有的管理者认为,企业在员工身上做这么多投资,相当于为他人做嫁衣,得不偿失。王卫对此并不赞同,他觉得,得到员工的"人"不如得到员工的"心",即使最后员工离开了顺丰,他本身也获得了成长,这对他、对社会都是有益的。王卫的胸怀如此之博大,实在难能可贵。

对于留住人心,王卫在多年的管理当中也总结出了三点经验:

第一,留住人心,需要管理者严于律己。如果管理者是一个品德高尚、举止得体、待人真诚的人,就容易让员工乐意跟随他的领导;

第二,留住人心,需要管理者多站在员工的角度,以心换心;

第三,留住人心,需要建立一套透明、合理的机制,使所有员工受到平等的对待。

这三点虽然看上去并不困难,但作为一个管理者如果能够保证时时如此、事事如此,却并不简单。因为即使是老虎也有打盹的时候,人在同一个岗位待久了,难免会大意或者懈怠。

另外,王卫还特意指出一点:要留住员工的心,就不能太要面子。如果管理者出现了失误或做出了错误的决策,就应该勇于承认并改正。王卫说:"这种态度和心胸、容量,一定要有。"

只有"大肚能容,容天下难容之事",才能成大业,成常人难成之举。

比如,曹操这个人,政治抱负宏大。在用人上,气度很是不凡。这在他一登上政治舞台,与袁绍共同起兵的对话中,就充分表现出来。"初,绍与公共起兵,绍问公曰:'若事不辑,则方面何所可据?'公曰:'足下意以何如?'绍曰:'吾南据河,北阻燕、代,兼戎狄之众,南向以争天下,庶可以济乎?'公曰:'吾任天下之智力,以道御之,无所不可。'"(《三国志·魏书·武帝纪》)

任天下之智力,争天下之归心,曹操最想"争"想"任"的是刘备和孙权。刘备是三国时蜀国的创立者,他在羽翼未丰时,曾一度与曹操合作。那时的刘备,虽然势孤力单,但在曹操看来,他是个可与自己打天下,也可与己争天下的屈指可数的英雄人物。"是时,曹公从容谓先主曰:'天下英雄,唯使君与操耳。'"因此,他对刘备十分敬重,"出则同舆,坐则同席"(《三国志·蜀书·先主传》),总想把他纳入自己的营垒。刘备不甘在曹操之下,表面上应付着曹操,实际上另有己图。他与曹操翻脸后,一次被曹兵打得大败,妻子和大将关羽都被生俘。在这前后,曹操的谋士程昱、郭嘉等,几次提醒趁机杀掉刘备,可曹操的回答只是一句话:"方今收英雄时也,杀一人而失天下心,不可。"(《三国志·魏书·武帝纪》)明知刘备是劲敌,也有机会杀他,但只要有一丝争取的希望,也不肯下手,这是何等的气量!唯恐杀一,丢掉一片,这又是多么高明!

孙权是三国时吴国的统治者,他比曹操晚生27年,是曹操的后辈。曹操从公元190年起兵,到208年挥师南下,整整19年,几乎是大战必胜。没料到在大功眼看告成时,因遇到孙权等人的顽强抵抗而惨败于赤壁。这一败,使曹操要达到的政治目标成了泡影,也使他看到了虎虎有生的新的一代领袖人物。"生子当如孙仲谋",曹操在后期,不止一次地发出过这样的感叹,并采取过多种措施,想把孙权拉过来。他让阮瑀为他起草的《与孙权书》,完全是站在平等立场上,从"百姓保安全之福"、孙权可为天下一统作出更大贡献的高度,劝导孙权与他合作。在曹操的殷殷招纳和刘备的夹击之下,孙权终于做出了称臣的表示,如果不是曹操在这时突然死去,他把孙权争取过来是大有可能的。那样,三国的历史,就可能会以一老一少两位政治家的握手,大江南北的统一而改写。

三国之主都能用人,但只有曹操想着把另外两主用起来。孙权作为后生,对曹操的用人,佩服得五体投地,他说:"至于御将,古之少有,比之于操,万不及也。"(《三国志·魏书·武帝纪》)对他来说,保江东是大局,不可能产生如何用曹操的念头。刘备是曹操的同辈,在曹操设法团结他时,他想的只是如何钻曹操的空子,捣曹操的鬼,也没有敢用曹操的奢望。一般来说,在同样的客观条件下,用人的气度与取得的业绩是成正比的。天下三分,曹操雄踞中原,刘备和孙权各偏安一隅,绝非偶然。

近代著名的军事家、政治家曾国藩在谈到如何将事业做大时,有这样一句名言:"谋大事者首重格局。"的确如此。一个人格局一大,哪怕从外表看起来似乎一无所有,但胸中却会拥有10万雄兵,这样一来,自然就能征服四方了。难怪有诗云,"笔底伏波三千丈,胸中藏甲百万兵",形容的就是善于造势,善于布局的人啊!

8.顺丰快递和联邦快递企业文化比较

作为国内民营速递业的代表之一顺丰速递,以及国际速递企业代表联邦快递(FedEx),两者在企业文化中的员工管理上各坚持了自己的理念,皆得到了很好的贯彻,极大推动了企业的发展。

有业内人士,对两者员工管理文化的异同进行了分析比较,以供各速递企业参考。

顺丰力求塑造"知行合一"的价值观,让价值观的内涵通过员工的所想、所行体现出来,形成一股精神的力量。

联邦快递(FedEx)是全球最具规模的快递运输公司,为全球超过220个国家及地区提供快捷、可靠的快递服务。联邦快递(FedEx)设有环球航空及陆运网络,通常只需一至两个工作日,就能迅速运送时限紧迫的货件,而且确保准时送达。为遍及全球的顾客和企业提供涵盖运输、电子商务和商业运作等一系列的全面服务,作为一个久负盛名的企业品牌,FedEx集团通过相互竞争和协调管理的运营模式,提供了一套综合的商务应用解决方案,使其年收入高达320亿美元。FedEx集团激励旗下超过26万名员工和承包商高度关注安全问题,恪守品行道德和职业操守的最高标准,并最大程度满足客户和社会的需求,使其屡次被评为全球最受尊敬和最可信赖的雇主。

顺丰的员工管理

顺丰公司在2002年成立总部前,多数是采用合作加盟形式的,无所谓员工管理规范,只求业绩。这种经营模式下,整体服务能力参差不齐,很难保证统一品牌下的统一服务水平,甚至有可能出现对品牌的负面影响,正是因为认识到了这点,顺丰公司逐步向直营化模式转变。区别于此前的承包制,所有收派员都由顺丰总部统一管理。在此基础上,顺丰公司对员工的管理进行了规范统一。

其员工管理文化主要有以下一些特点:

(1)为追求上进的员工提供不断发展的平台,帮助员工实现和提升自身价值。顺丰速运为员工提供了广阔、自由、公开的职业发展平台——E-Learning学习平台,鼓励并协助员工在企业内得到自我的全面发展。主要资源有:完善的内部信息办公系统,这是新员工学习的主要资源;公司完善的培训体系,包括企业文化与制度培训、管理培训、专业培训等。员工可以根据自身特点,结合业务发展选择职业发展通道,并通过不断提升自身工作能力,逐步实现职业发展规划。公司为员工提供以下两种职业发展通道:一是管理发展通道,通过带领和管理团队职务的轮换或晋升取得自身的发展;二是专业发展通道,指在某类专业领域内,持续深入发展,追求专业技能的提升,通过专业等级的晋升取得的一种发展。在管理晋升方面,主要通过提前储备选拔管理人员并对其进行专项培养,在其能力提升后晋升到新管理职位。

(2)能者居前,公开、公平、公正的用人机制。为员工提供具有市场竞争力的薪酬福利。顺丰员工绩效管理以工作业绩为基础,根据岗位性质特征,分别采取月度、季度、半年度、年度考核。总部一年一次对各分公司经理进行干部考核,由高层考评其一年的工作绩效。被考核人上司根据其业绩达成情况、个人表现等对被考核人进行全面评价,确定被考核人的绩效等级。为保证评价的客观公正性,对业绩表现突出者(最佳或最差者),严格实行三级评价机制,即员工自评、一线经理评价、二线经理评价。考评结束后,确定晋级、降级或"出局",能者上,庸者下。

(3)建立工作联络指导员制度,协助新员工融入团队。对于新进职员,顺丰除了委派相关工作人员向新员工介绍公司具体工作情况外,同时针对新老员工不兼容这一问题,指派经验丰富的老员工成为新员工的工作联络指导员,在工作、生活等各方面为新员工提供帮助,从而改善工作氛围,使新老员工相处融洽。

(4)建立顺丰员工关怀平台。国内快递行业竞争激烈,从业人员,特别是一线员工工作辛苦、压力大。为疏解员工工作压力,提供预防性的咨询服务,协助员工解决困难,提供职业场所的人文关怀,提高生产率并有效减少开支,提高员工在组织中的工作绩效,顺丰公司成立了员工关怀平台。

(5)培养具有传统特色的企业员工价值观。快递企业的人员组成复杂,工作地分散,能力存在差异,在价值观、文化等方面的冲突也是必然存在。针对这种情况,顺丰建设了其公司独特的人才观:德才兼备,品德优先,共同成长。

另外全体员工还必须做到以下几点:诚信敬业、安全高效、积极进取、谦虚务实、心系客户、勇于承担。

顺丰力求塑造"知行合一"的价值观,让价值观的内涵通过员工的所思、所行体现出来,形成一股精神的力量,增强员工对企业的归属感,提高其主人翁意识。

联邦快递(FedEx)的员工管理

联邦快递(FedEx)连续多年被《财富》杂志评选为"100家最优秀雇主",连续三年被选为"美国10家最受推崇公司",连续多年在翰威特公司组织的"亚洲十佳雇主"评选中名列前茅。这一切与其公司独特的员工管理文化是分不开的。

(1)员工–服务–利润。联邦快递(FedEx)视员工为公司最重要的资源,认为最大的挑战来自如何帮助员工满足客户不断增加的要求。在这样的经营理念下,对员工进行管理,使其热爱工作,在工作中实现自我价值,为客户提供优质服务,做到"使命必达"。联邦快递(FedEx)在全球超过26万员工,在亚太亦超万名员工,目前近70%的总监和管理人员达到了本土化。管理这支庞大的、有着不同文化背景的员工队伍,考虑语言、文化习惯、工作理念等差异无疑非常重要,"员工–服务–利润"的本质是平稳消除全球员工的文化差异。

(2)沟通无障碍。在交流沟通方面,联邦快递(FedEx)提倡开放式和双向交流,亚太区总裁大卫·坎宁安说:"我们的人力资源管理理念由许多不同的方面组成,沟通是其中最重要的。"联邦快递(FedEx)管理者认为需要倾听来自员工的声音并做出反应及时传达给员工,联邦快递(FedEx)通过体系和制度保障这种沟通的有效性。

(3)调查–反馈–行动。这样的制度目前在行业中是独有的;公平对待程序,投诉机制,员工有不满可向上级投诉,还不满意可越级投诉,员工和经理们的纠纷可直达公司高层,从而在最大程度上避免了因纠纷引起的不和与内耗。

此外还有开门政策、一对一的不考虑级别的例会等措施,来促进管理者与普通员工间的双向沟通交流。联邦快递(FedEx)每年要在全公司范围内搞一次自我批评,还对每位员工进行不记名调查,以评估员工对管理层的管理能力、本人的工资、工作条件以及对公司的总体满意度等。

联邦快递(FedEx)还有一个内部卫星电视网,每天向全球各网点播报公司的最新动态,加深员工对公司的了解。应该说联邦快递(FedEx)创造了一个民主、宽松的沟通、交流环境,使每个员工能开心工作,更好地服务客户,极大提高了员工的积极性。

(4)职业发展无界限。"职业发展无界限"及"内部提拔"是联邦快递(FedEx)员工管理战略的两大方面。联邦快递(FedEx)为员工提供"终生学习环境",譬如联邦快递(FedEx)的每位员工每年总共能获得2500美元的奖学金用于在职培训。联邦快递(FedEx)鼓励他们获得职业进步,为员工提供大量培训机会,如在入职培训阶段,联邦快递(FedEx)至少要为递送员提供40个小时的上岗培训,为所有与客户接触的员工提供6周的新员工技巧培训,并且为员工提供各类培训,如操作培训、海外培训、在线培训等,每位员工每年能获得大约50小时的培训,众多的培训是联邦快递(FedEx)留住人才的重要做法。

当公司内部出现职位空缺时,优先考虑内部职工是联邦快递(FedEx)的一贯宗旨。为配合"内部提拔"机制,联邦快递(FedEx)公司设计了一套程序,旨在把普通员工培养成富于创造力和关心细节的中高层管理人员。公司确定了成为管理人员的9种品质,凡认为自己已具备条件的员工,皆可进入该管理人员筛选程序,每年参加筛选的员工达到3000多名。

(5)激励制度。在联邦快递(FedEx)整体员工报酬中,接近50%的支出用于员工薪酬及福利,员工报酬的确定在于认同个人的努力、刺激新的构想、激励出色的表现及推广团队的合作。2003年9月,联邦快递(FedEx)启动了"真心大使"项目,旨在通过客户对员工表现的反馈来评选和激励员工不断提高能力、提高工作目标。还开展了"每月最佳递送员""微笑奖"等计划,表彰那些杰出的、为客户提供优质服务的员工。在联邦快递(FedEx)推行的这些奖励报酬系统中,既有国家层面的,也有地区层面的,员工所收获的不仅是物质奖励,还有公司对其工作的认可。

联邦快递(FedEx)为员工提供人身保险、退休金、进修资助、带薪休假、医疗保险等,这也是外界认为联邦快递(FedEx)是最佳雇主的原因之一。联邦快递(FedEx)重视创新、诚信,通过不同的政策、程序,确保公司员工无论在个人或团队方面做到最好。

顺丰与联邦快递(FedEx)员工管理比较

通过上述比较可以看出两家企业的员工管理既有相似之处,又各有不同。

类似的是二者的管理皆采取了本土化,都非常注重管理沟通,注重建立良好的企业文化和良好的激励措施。

联邦快递(FedEx)深受西方文化影响,采取比较民主的管理机制,关注员工满意度、员工的个人发展,一线员工对企业决策也有不小的发言权,企业的沟通是多层次和全方位的,对管理人才提供良好的发展空间和较高的薪酬。而顺丰采取的是比较专权的管理模式,注重业绩和效率,由上级进行绩效考评,内部分配差异极大,基层人员的薪酬竞争力比较差。虽然也给基层员工一定的发言权,但在根本上仍是集权控制模式。

两家企业处在不同的发展阶段,有着不同的行业地位及竞争水平,致使二者执行了不同的员工管理制度。但总体上应该说,类似联邦快递(FedEx)这样的国际大公司,有着诸多的先进管理理念值得国内快递企业学习吸收,缩短差距,迎头赶上。

第九章

王卫谈信仰、文化和道德

1.根植于内心的道德修养

王卫在讲话中经常会谈到"德"的问题。下面是他的内部讲话：

今天这个社会，经济大发展了，但人心却更浮躁了，很多人有意无意地都在追求"威"（广东话"威水"的简称，意指炫耀、傲慢）。但是在什么基础上才可以去"威"，"威"的基础是什么，很多人都没有搞清楚。有人觉得有钱有权就"威"，我认为这个观念是完全错误的。"威"不是建立在金钱或权力的基础之上，而是建立在道德的基础之上。一个人可以昂首挺胸地走在路上，并且收获的都是尊敬且乐于亲近（而不是羡慕嫉妒恨）的眼神，这才叫"威"。

在这里我想告诉我们所有的顺丰同事，要正确理解"威"的内涵，关于社会上对它的"迷信"一定要彻底打破。很多人喜欢在穷人面前炫富,在平民老百姓面前炫耀权力。在我看来这是一种很幼稚的表现,他们错误理解了财富和权力的含义。

这几年报章媒体都在讨论,说我们的国人出国被外界歧视,是因为现在中国人有钱了,他们妒忌,心理不平衡。对此我想说的是,这方面的原因不能说没有,但更多的恐怕还是看不惯我们种种愚昧以及缺乏教养或素质的行为。一个人所拥有的财富和他的品格、素养不成正比的话,是一件相当可悲的事。

我们走出去后,要想别人尊重我们,首先我们自己必须有道德有修养,并且学会尊重别人。怎样才算尊重别人呢?首先你要尊重人家的环境,不随地吐痰,不乱扔垃圾;其次你要尊重人家的生活习惯,公共场所不大声喧哗,乘车、购物时自觉排队;最后要尊重人家的文化,不同的宗教信仰,不同的制度法规你得了解,避免在日常行为中构成挑衅或冒犯……如果这些你都毫不在意,就凭着自己的感觉和习惯在异国他乡"为所欲为",被人鄙视也就纯属自找的了。现在顺丰海外网点越开越多,内部员工中出国旅游的人也越来越多,我希望大家千万不要沾染上这种种恶习。

关于尊重我还有一个自己的衡量标准,那就是要让为你提供服务的人,也因为服务你而感到开心。去饭店吃饭,上至经理下至服务员,我都会主动跟他们打招呼。服务过我的服务员,也都很享受服务我用餐的工作过程。因为我会很礼貌很平和地去跟他交流,我要让这个服务员因为服务我而感到很开心,这叫尊重。相反,有些人一进到饭店就是一副不可一世的做派,对服务员呼来唤去,态度相当恶劣,这样的人是很难收获真正的尊重的。

而作为服务行业的从业者,你想你服务的客户是什么样的人,首先你自己就得是什么样的人。这叫德、这叫威,而不是开豪车住豪宅,出手阔绰,每天鱼翅漱口叫威。如果大家都能这么想,那我们这

237

个社会也就离大同社会不远了。

古人云:"得道多助,失道寡助""道之以德,德者得也",就是告诉我们要以道德来规范自己的行为,不断修炼自己,才能获得人生的成功。古今中外,一切真正的成功者,在道德上大都达到了很高的水平。现实中的大量事实说明,很多人的失败,不是能力的失败,而是做人的失败、道德的失败。

星云大师在《谈处世》里这样说,"你可以没有学问,但不能不会做人。"人难做,做人难。在现今的社会,人要有表情、音声、笑容,才会有人情味。懂得感恩者,才会富贵。一点头、一微笑、主动助人,都是无限恩典。我们面带笑容,看在对方眼中,那朵微笑是发光的;当我们口出赞叹,听在对方心底,那句赞美是发光的;当我们伸手扶持,受在对方身上,那温暖的一握是发光的;当我们静心倾听,在对方的感觉里,那对耳朵是发光的。因为发心,凡夫众生也可以有一个发光的人生。

2.拥有一颗平常心

平常心虽是简单的三个字,但在生活中,却是人人都难超越的一道坎。因为我们并不懂得何为真正的平常心,也不懂得怎样来保持自己的平常心,更不懂得怎样来利用平常心。

平常心首先要的是一种心境,不仅是对待周围的环境要做到"不以物喜,不以己悲",更要对周围的人事做到"宠辱不惊,去留无意",这样才能让我们的生活有一份平静和谐。

第九章 王卫谈信仰、文化和道德

王卫说："我22岁开始创办顺丰,25岁公司初具规模,算是赚得了第一桶金。可能有人会说王卫很难得,年轻得志,却没有头脑发热变成'土豪'。其实,我25岁的时候也曾经是一副标准的暴发户做派。不过这一切都是有背景和原因的,我们全家1976年从中国内地移居香港,当时面临的境况是一穷二白,一切都要重新开始。

我父母之前在内地是大学教授,但是去到香港,学历不被承认,就只能去做工人,收入微薄。所以我穷过,相当清楚贫穷和被人歧视的滋味。后来当我25岁赚到人生第一桶金之后,有点目空一切的感觉,恨不得告诉全世界,我王卫再也不是从前那个样子了,我也是有钱人了!

所幸,这个过程没有持续多久,这主要原因有三:第一,随着事业不断迈上新台阶,个人的眼界和心胸不一样了;第二,得感谢我的太太,她在我得意忘形的时候,不断泼我冷水,让我保持清醒和冷静;第三,是找到了精神依托,信了佛教。"

在佛教中,平常心也是一种境界,慧能大师曾云:"本来无一物,何处染尘埃",他的这种超脱物外、超越自我的境界正是平常心最好的解释。以平常心观不平常事,则事事平常,无时不乐也无时无忧。作为一个企业管理者,也应拥有良好的经营心态,这样才能处变不惊,遇事不慌,保持冷静的头脑来面对一切。

王卫强调"莫让急功近利焚烧我们内心"。

今天的社会环境,让人感觉有点浮躁。当然,这里面有深层次的原因。

从大的背景来说,我们国家仅用了30年的时间,就走完了西方发达国家一百多年甚至几百年才走完的路,这种环境中,人难免会有些急躁冒进。改革开放30年,人们在物质生活上有了翻天覆地的变化,但是与物质层面的改善相比,精神层面的提升和完善,尚需要一个相对较长的过程。

过于急功近利,显然对个人、对企业、对社会都不好。因此,我们要学会反省,不要让急功近利焚烧我们的内心。工作是为了赚钱,为了养家糊口,这完全没错。但这只是对工作最基础层面的理解。工作显然又不仅仅是为了赚钱,还在于提升自己,实现自己的人生价值。对于企业来讲,比赚钱更高的层面,是在成就自己的同时,还能成就员工,成就客户。

如果当年做企业仅仅是为了赚钱,王卫现在的财富显然应该不止这么多。但同时,顺丰也不可能做到现在这样的品牌,更不可能像现在这样得到广大客户朋友的认可。每个人都向往更优越的生活,这无可厚非。然君子有所为,有所不为。

一个人的事业最终成就如何,就在于是否专一、执着地做一件对的事情。人只要专心,收获是迟早的事。"急",你所得到的也许较快,但是不稳,更不可能长远;而"慢",则会相对扎实,成长的空间也会更大。正道是艰难的,但是越走路越宽。也许每个人都会经历那么一个急功近利的阶段,但是不要让它拖住我们,不要让眼前的利益迷住双眼,更不要为此不顾一切,走向极端。

顺丰Logo上的主色调会选用反传统的黑色,主要是希望能屏蔽掉那些急功近利、人心浮躁等不好的东西,进而在公司内呈现出一种积极、进取、团结,有承担、有责任感的良好氛围,营造出顺丰特有的文化。王卫竭尽所能去捍卫这种文化,任何诱惑也没有让他动摇或是牺牲顺丰的这种文化,他希望这种文化能够一直传承下去。

在我们的身边,常常会看到这样的情况:经营相同业务的企业,有的能够赚很多的钱,拥有很多的客户,打出自己的品牌,甚至成功上市;有的则生意惨淡,日渐萧条,濒临倒闭。如果细心一点我们还会发现,面对同样的困难,有的企业能够沉着应对,有的企业则知难而退,或者被困难击败而一蹶不振。

这就是经营者的经营心态问题。决定一个企业成功与否的因素有很多,经营者的经营心态便是其中之一。

目前中国本土的企业中,凡是业绩卓越的企业,都无一例外地表现出卓越的组织执行力。组织执行力由心态、工具、角色和流程四个基本要素构成。而心态要素作为构成组织执行力的第一要素,是影响组织行为的关键,也是组织能力外化为组织实践的内在动力源。

王卫认为:"人这一辈子的成就、际遇,是跟上辈子积下来的福报有关联的。不管你权力多大、财富多少,很多东西你都掌控不了,比如说你是男是女,什么地方出生,长相什么样,家庭是否富裕,等等,你更加控制不了的是今天运气好坏,明天成功与否……人生有百分之九十九的东西你都控制不了,只有一个百分点你可以掌控,那就是做事的态度。这个态度都有两面,究竟是采取积极的态度还是消极的态度,是接受正念还是邪念,由你自己来决定。如果你在这方面做出了正确的选择,就会把这一个点放大成一百个点,弥补很多其他方面的不足。"

王卫说:"在企业的发展过程中,我越来越意识到,我今天的所谓成功,其实是上辈子积下来的东西。而在这个过程中,所谓的本事不本事,只是天时地利人和集合到一起的一个福报。坦白说,我不太相信偶然,为什么会有偶然,因为无知才会相信偶然,突然中了大奖,不知道为什么,就会觉得是偶然,当所有的因果都集中到一起后,你再去比对,你会知道这是必然。我们现在要做的,就是利用顺丰这个不错的平台,把未来很多不确定的看似偶然的东西变成必然。"

心态通常是指一个人对待事物的看法和态度,它是我们采取一切行动的基础,也决定我们用何种方式去创造我们的生活。所以,曾有哲人这样说:"你的心态就是你真正的主人。"

同样,一个企业成功与否也取决于管理者的心态。在一个企业里,组织执行力就像是Windows操作系统的性能,是决定个体执行力能否被完全发挥的基础平台。而建立强有力的组织心态,则是组织执行力的动力之源,是确保企业按照正确的方向和方式运作的基础。

心态决定人生的成败,也决定一个企业的成败。作为一个企业管理者,拥有一个好的心态,可以令你乐观豁达处世,可以令你战胜企业发展中面临的困难。拥有一个好的心态,也可以令你在交际谈判中应对自如,可以让你的竞争对手成为朋友,使你的事业之路免去更多的人为障碍。

3.把社会责任看成是必须承担的义务

优秀的企业不仅在市场上表现优秀,同时,也能够自觉履行应尽的社会责任。强烈的社会责任感能够增强企业的影响力,反过来,这种影响力能促进企业在市场上获得更加辉煌的业绩,这是一个"双赢"的做法。

2008年5月12日,汶川发生8.2级特大地震。一听到这个消息,不到

60分钟,王卫就带着顺丰高管成立了"5·12地震应急小组"。先是对四川地区的员工受伤情况进行了解,成立临时的联络中心。在准确地了解了受到地震影响的人员、业务等情况后,以最快的速度作出了应对。

王卫跟四川网点的负责人说:"首先,所有工作的重中之重是保证员工的生命安全,这是一切的前提;第二,在保证生命安全的前提下,作为一个有责任感和有担当的企业,顺丰必须要保证客户快件的安全;第三,公司的财物安全放在最后一位。"王卫马上派出救灾小组,并且放出话去,顺丰将为政府和社会机构免费往灾区运送物资,同时顺丰四川网点每天提供四辆车做救灾专用。看着一车车的物资运到了灾区最前方,这个平日里硬朗的汉子也眼眶湿润。当得知灾区人民最缺的是帐篷时,王卫想办法买了许多帐篷送过去,解决了近四千人的住宿问题。除了捐钱捐物外,顺丰的员工们也想亲赴灾区帮上一把。但考虑到灾区情况,最后,王卫派出了78名志愿者,分三批进入灾区,参与救灾和灾后重建工作。

顺丰在汶川地震中勇于承担社会责任的表现,赢得了许多民众的赞赏。而所谓企业的社会责任,就是指在市场经济体制下,企业除了为股东追求利润外,也应该考虑相关利益人,即影响和受影响于企业行为的各方利益。

王卫在顺丰内刊上发表文章:

"真正而长远的快乐,是自己快乐,别人也快乐,这是与大家分享时才会有的一种感觉。有钱自己花,也许当时很开心,但那只是暂时的,并不能持久。拿钱去帮助需要帮助的人时,别人在你的帮助下越来越好,你也会非常开心,而这种能量是能够传递的。世界上的能量是一个平衡系统,你付出了什么,回到你身边的也将是什么。"

把社会责任看成是必须承担的义务的企业家不只有王卫,还有建立了腾讯帝国的马化腾。

2008年11月11日,马化腾发布了第一份企业社会责任报告。

他强调了社会责任的重要性:"10年来,在中国,没有哪一个产业像互联网一样,如此形象突出地成为中国高速发展与开放的符号,它表现出了中国经济的巨大潜力和独特性,同时它也带来了种种新的挑战。新的形势、新的机遇也在不断促使我们每天思考,如何去创造社会价值,寻求企业和社会的协同发展,真正将企业建设成为受人尊敬的百年老店。"

马化腾清楚地意识到了腾讯肩负的责任,腾讯的任何经营行为都可能影响到上亿的用户,只有得到用户的认可,腾讯才能健康发展。

在当下,企业社会责任已成为检验企业核心竞争力强弱的标志,拥有社会责任感是企业生存和持续发展的必要条件。一个优秀的企业公民,或称企业社会责任的先行者,应该以社会责任(CSR)战略为自己的社会责任原点。如何制定CSR战略,才能对企业本身、对社会、对环境都有重要意义,往往是一个企业决策者尤为关心的问题。

4.公益慈善,用爱托起企业未来

2010年8月23日,对顺丰人来说是一个特殊的日子。这一天,顺丰基金会、顺丰集团工会、顺丰广州区工会一行40人,来到凤霞中学,用深深的祝福让这个地方充满了温暖和爱心,更让这里的40个贫困生获得了走向新生的幸福、快乐和希望。这些孩子已经是顺丰在凤霞中学资助的第二批孩子。这一天对这些孩子们而言,是温暖而难忘的;对所有顺丰人而言,也同样是珍贵且值得珍藏和回忆的。

早期,顺丰的储备高管曾参与过这些贫困家庭孩子的家庭情况核实工作。然后,顺丰慈善基金会便在凤霞中学资助了40名贫困生。如今,这些孩子已经被分入不同年级、不同班级,并且能够安心投入学习。

顺丰人希望通过自己的一点关怀和鼓励,帮助这些孩子获得精神上的温暖和富足,而不是仅仅局限于物质和金钱的帮助。对于这些尚且稚嫩的孩子而言,未来的人生还没有展开。顺丰人希望通过物质和精神上的一点支持,帮助孩子们获得直面困难的勇气,在挫折面前保持积极向上的人生观,通过学校教育考上理想的学校,成为有理想、有追求的人。

2010年,在这一批孩子获得资助的同时,三年前受顺丰资助的第一批孩子已经完成高中三年课程,即将开始新的求学之路,踏入梦想的象牙塔。

在这个暑假,顺丰为了帮助这些孩子积累社会经验,特意为他们提供了勤工助学的机会,让这些孩子到顺丰的各个岗位体验工作。

这样孩子们被分派到顺丰广州区总部集团工会、客户、人资、仓管、行政等不同的岗位上,在进行社会实践和工作历练的同时,也体会着顺丰人在日常工作中的酸甜苦辣。通过顺丰提供的这次锻炼机会,孩子们对于社会、对于工作和人生都有了更加深刻的理解,也学到了不少东西。

李婷婷便是这些孩子中的一员。她在顺丰东圃分部车陂点部仓管岗位工作了两个月，这期间，她和顺丰的同事们相处得非常融洽。而且，因为积极乐观的性格，她成为了大家眼中公认的"开心果"。在工作中，李婷婷看到了顺丰一线工作的辛苦，并希望通过自己的努力帮助顺丰分部的哥哥姐姐们做点什么。所以，她在工作中表现得非常积极、努力。短短一个月时间，她已经很熟悉工作流程，甚至能够帮忙带带顺丰新人。李婷婷等受资助的孩子，不但工作认真，还很有想法，在工作期间，为顺丰提了不少关于工作流程和制度上的建议，而且可行性都很高。

2010年8月23日，实习中的第一批受资助孩子得知，顺丰慈善基金会将去凤霞中学看望和帮助被资助的第二批孩子时，决定一起去为他们的学弟学妹们打气加油，并且分享自己的生活、学习经验。

他们说："顺丰帮助了我们，我们也希望能以自己小小的力量，给更多人以帮助，把爱传承下去……随着对顺丰、顺丰人的认识和了解，使我们进一步理解顺丰企业的慈善理念。顺丰关注与帮助有需要人群的心灵家园建设，对我们来讲是笔巨大的财富，并将支持我们充满信心地生活、学习、工作下去。"

孩子们是每个家庭的未来，也是整个社会的未来。顺丰公益关注的目光一直追随着这些困难的孩子，在凤霞中学开展的贫困生助学仅仅是一个例子，除其之外，顺丰集团还进行了玉树贫困孩子助学、凉山孤儿助学、四川藏区孩子助学、四川地震孤儿助养等公益项目。

除了在公司外部开展的公益助学项目之外，顺丰集团也很关心内部员工的孩子的上学情况。2010年，顺丰经过多个审核环节，在顺丰员工内部选出了137名孩子进行上学资助。为了保证审核的公正性，切实让经济困难的孩子和家庭得到帮助，审核包括顺丰地区工会初审、顺丰经营本部复核和顺丰集团工会民主评审等多个环节。这些拿到顺丰助学金的孩子分别就读于不同地区的小学、初中、高中和大学。仅仅在2010年9月到2011年7月的这个学年里，顺丰集团就为这些孩子资助了学杂费50.4万元。

对顺丰集团而言，每资助一个孩子，就是帮助一个苦难的家庭，改变一个孩子一生的命运，所以他们做得很认真、很努力。顺丰人始终相信，只有爱才能托起一个企业，甚至一个社会的未来。

顺丰快递公益慈善大事记

2002年荣获广州市教育基金会颁发的"扶困助学"捐赠证书。

2003年为中国非典型肺炎的防治工作捐赠200万元；荣获国家民政部"爱心捐助奖"。

2004年、2005年荣获广东省青少年事业发展基金会"捐赠证书"；为希望工程捐赠100万元；投入慈善事业资金，共计250余万元。

2006年、2007年顺丰快递投入慈善事业资金，共计250余万元。

2008年"5·12大地震，顺丰在行动"向汶川地震灾区捐款1000万元，捐赠可供3500人使用的帐篷，委派78名志愿者赶赴灾区参加救助和重建工作；助养地震灾区北川、青川、安县三地的44名孤儿至18周岁；投入慈善事业资金，共计1000余万元。

2009年投入慈善事业资金，共计250余万元；正式成立广东省顺丰慈善基金会。

2010年西南旱灾救助项目；青海玉树灾区援建项目；凉山州美姑县爱心班资助项目；少数民族村落水电站建设项目；投入慈善事业资金，共计1650余万元。

2011年江西海龙学校校舍修缮，援建费用5万余元；先后与15家高校签订"顺丰奖学金"，合计金额156万元；尤溪县安宁乡道路建设，援建费用16万元；四川省康定县塔公乡江巴村老人院建设，援建费用250万元；广东省鹤市镇中心小学、河布小学、黄石小学，捐赠书包450个；斑玛县达卡乡爱心板房小学，援建费用30万元；为广东省和平县李田村先后捐赠扶贫款项15万元；平潭县北厝中心小学、数字青少年宫、校园网建设，援建费用26万元；凉山州普格县荞窝镇中心校，顺丰爱心班资助贫困学生50名，6年资助费用总计79万元；广东省紫金县古竹镇奎溪小学的运动场地援建；共成立"顺丰电教室"7间，共捐出置换电脑333台主机、CRT显示器112台、液晶显示器68台、配件333套。

2012年开展莲花助学项目：甘肃省永靖县5所中学资助120名学生，安徽省太湖县2所中学资助80名学生，合计款项每年约60万元；为广东省龙川县中心小学捐赠置换电脑38台主机，爱心课桌椅200张；开设四川省凉山州金阳县洛觉小学，资助50名失依儿童，资助款6年共91万元；开设四川省凉山州民族中学女子高中班，资助60名贫困女子高中生，资助款3年共95万元；为广西省凌云县学校教学办公捐赠置换50套电脑；为甘肃省永靖县永靖回民中学全校置换500套课桌椅；江西省永新县海龙学校篮球场修缮工程，费用约6万元；龙岩连城江坊村主村道改造工程项目，费用约23万元；连山壮族瑶族自治县吉田镇旺南村双到扶贫工作，捐资20万元；和平县彭寨镇双到扶贫工作，捐资10万元；山西孔贞兰孤儿院捐助物资，费用约6千元；投入慈善事业资金，共计300余万元。

2013年顺丰快递积极参与雅安赈灾：为各地赈灾物资提供免费物资运送，累计免费运费达2700万元；支持大学教育，在各大学颁发顺丰奖学金43万元；扶贫救困，发放贫困救助金37.5万元；持续开展莲花助学项目，资助家境困难的优秀高中生：在甘肃永靖、安徽太湖、吉林白城、贵州天柱、江西崇义、湖南中方资助近600名学生，每年资助额180万元；支持教育，捐建顺丰莲花小学：与甘肃省镇原县、甘谷县签订建校协议，共援建6所小学，累计投入1200多万元。

5.环保公益,保护地球就是保护我们自己

如果说,关注孩子的未来是在为社会和国家的未来尽一份力的话,那么顺丰速运慈善基金会关于公益活动的布局就还不仅限于此,着眼于全球,关注环保、保护地球也是顺丰集团重要的公益理念之一。

我们赖以生存的地球只有一个,保护地球就是保护我们自己,保护人类的子孙后代。"大自然"这个词不仅包含着自然界中的其他动植物,更包含着人类本身。人类的行为催动了社会行为,同时被大自然纳入了自己的运转规律之中。因此,想要让我们的生存环境变得越来越好,每个人、每个家庭、每个企业都有责任从自己做起,从细节出发,构建人与人、人与社会、人与自然之间和谐融洽的关系。顺丰便是顺着这样的思路,将环保纳为整个企业的责任,从而开启了顺丰的环保公益之路。

2010年,顺丰速运慈善基金会开启了一个"沙漠绿洲"项目,目的是在沙漠中重建绿洲。为此,顺丰速运慈善基金会组织了考察队,到新疆最南端的策勒县附近进行实地勘测、考察,那里北连塔克拉玛干大沙漠,南接昆仑山,是顺丰速运慈善基金会验证这一环保项目的可行性的目的地。

在中国,每年都会有大片草场沦为荒漠。一年里,被吞噬的草场面积将近有香港特区面积大小。而顺丰所开展的"沙漠绿洲"项目,正是要将荒漠变成肥美的草场,以及可持续发展的绿洲。

当然了,这并不是一件简单的事情,而是一个庞大的系统工程。为此,顺丰特意引进了以色列的滴灌技术,组织专人学习了很多专

业知识。比如：植被的选择就是很重要和专业的课题之一。经过反复考察，项目组选择了具有"生长一千年不死，死后一千年不倒，倒地一千年不烂"的胡杨，和具有超强抗盐碱能力的红柳作为绿洲的"保护圈"。

只有先种上胡杨和红柳作为未来绿地的保护圈，才能在保护圈里种草。

只要进展顺利，这一项目工程在启动6年之后就能向人们展现出奇迹。用胡杨和红柳围起来的保护圈内，沙漠中绿草如茵的美景将展现在人们面前。

环保的种子一旦种下，它就会发展壮大，在自然界中形成一种美妙的良性循环，这也是让顺丰速运慈善基金会最感到心醉之处。大自然是令人敬畏的。对顺丰人而言，他们深知自己也是自然的一部分，所以愿意承担起更多的环保责任和社会价值导向责任。

除了"沙漠绿洲"这一环保公益项目以外，顺丰速运慈善基金会还主持和参与了其他一些值得关注的环保项目。比如顺丰曾计划并参与的川西北引水工程，以及西藏阿里种草项目，等等。顺丰在环保方面做出的努力，正是希望已经不堪重负的自然环境能够在自己的努力下，获得一点喘息的机会。不管这些项目最终结果如何，至少我们从中看到了顺丰在公益环保方面做出的努力，它们代表的是顺丰速运基金会想要对社会和环境有所回报的心意。

顺丰速运基金会副理事长杨子建说："大家对环保的理解，更多的是人与自然的某种和谐。而人与自然的和谐，其实可以扩展到人与周边整个大环境的和谐。从顺丰速运公司组建工会到组建顺丰速运基金会，顺丰速运总裁的思路就是给大家的工作、生活创造一个和谐的大环境。因此，目前顺丰速运设置的员工关怀平台、内部助学和重大疾病保险等，都是为了创造一个更轻松、和谐的生活工作环境。从大的方面来讲,就是一种绿色环保。"

在顺丰人的理念背后,我们看到更多的是他们持之以恒的努力和一直以来的良苦用心。就像副理事长杨子建说的那样,"环保在某种程度上是一个高档品,它除了需要付出资金的支持外,还要有强大的社会资源、丰富的专业知识和持之以恒的决心。这些,我们在顺丰人身上都看到了。顺丰速运成立基金会,就是为了让每一分来之不易的善款,都用到最需要的地方。顺丰速运一次性的环保项目资助,要尽最大的努力保证从长远来看,这确实是一个可持续发展的项目,并且,不会在将来给当地人带来不必要的隐患。"

"既能满足当代人的需要,又不对后代人满足其需要的能力构成危害的发展。"这是世界环境与发展委员会对可持续发展的定义。这句话看起来简单,但是做起来一点都不容易。若没有对未来的远见、专业的知识、坚定的信念和务实的态度,根本不可能做到,而顺丰如今正是在向着这个方向不断迈进。

6.学会自律和感恩

管理者对一同创业的同事,下属,是应该去感恩,还是把他们看成创业经商的工具?

王卫认为:感恩是一种心理互动活动。一个人如果有了一颗感恩的心,他就是一个幸福的人。为什么不少管理者,在得到了金钱、地位、名誉之后,却并没有想象中的那么幸福。他们整天口口声声说同事不理解他们,下属不理解他们,客户不理解他们,就连父母、妻子、孩子也不理解他们。这其实就是一个心态的问题。怀着一颗感恩的心来面对身边的人和物，你会突然感到原来世界如此美好。

没有天生的管理者，管理者大都是从普通的岗位上晋升的。管理者在晋升的过程中，常常会得到很多人的帮助，只不过有些帮助是有形的，而有些是无形的，因此，管理者要学会感恩。

一只老猫在猫际社会中悟出了一系列如何成为猫上猫的哲理警训，经过它的策划与教诲，很多猫都出类拔萃，有所建树。一只黑猫找到老猫，它想超过所有被老猫点拨过的猫。老猫想了想说："要想超过它们，除非你变成身披凤羽的猫王，只有这样你才能一统猫界，独自为尊。"老猫又说，只要向南山的凤凰仙子送上厚礼，凤凰仙子自然会赐它一身五彩缤纷的凤羽。黑猫害怕老猫再把这个成为猫上猫的方法传授给别的猫，它两拳就将老猫打死了。黑猫准备了999只老鼠，送到南山。凤凰仙子大怒："我只收亲手耕耘而获的五谷！"她当即赐给黑猫一身象征奸诈险恶的鹰的羽毛，只给它留了只猫头。此时黑猫十分后悔，它后悔没有留着老猫为自己成为猫王做更详细的指导。

当然，也不排除有这样的人，当自己成了领导者后，就忘记了曾经帮助过的人，甚至害怕这些人对自己构成威胁，而做出一些伤天害理的事情。其实，很多时候，这样的人是不会有好下场的，正如黑猫的下场那样。

因此，作为一个管理者，要懂得感恩，要学会感恩，感恩公司、感谢领导、同事、下属以及家人、朋友等。只有拥有感恩之心的领导，才能更好地做好管理工作。

感恩是一种利人利己的内心责任。很多时候我们对自然、社会、公司、股东、老板、同事、下属、客户,等等,甚至父母妻儿的付出漠然置之,认为那是自己应该得到的,是天经地义的。其实,并非如此。中外历史上很多英雄豪杰,成在"振臂一呼,应者云集",败在"离心离德,孤家寡人"。所以,感恩其实就是一种利人利己的内心责任,是对自己的责任,对亲人的责任,对他人的责任,对公司的责任,对社会的责任。因为只有铭恩于心,才会有恒久的责任。

在王卫首次接受采访的时候,他说:"我信佛,我认为,人的成就和本事是没有关系的,成就是与福报有关系。所以有钱没有什么了不起的,拥有本事也没有什么了不起,赚到钱只是因缘际会而已。所以我认为,个人事业上的一些成绩不值得渲染。"他还强调:"作为企业的老板,你一定要知道你为了什么而上市。否则,就会陷入佛语说的'背心关法,为法所困'。"

7.让顺丰人"正知、正见、正行"

王卫是一个不纠结于过去,也不拘泥于现在的人。对他来说,眼下以及未来最重要的就是跟顺丰所有的员工一起努力。

作为一个虔诚的佛教徒,王卫把自己踏入快递行业归结为"冥冥之中上天注定"。1993年,确实是国内快递行业发展的最好时机,22岁的王卫带领着5个人在广东顺德成立了顺丰公司。如今,作为一家有29万名员工的公司的总裁,王卫认为大家能够一起在顺丰工作,是一种难得的缘分。

提到20多年来公司的发展，王卫说他有三个遗憾：第一个遗憾，王卫创立顺丰的初衷是希望通过这个平台影响更多的人，引导他们形成正确的人生观和价值观，而目前看来做得并不够；第二个遗憾，对员工的业务培训和专业指导不够，不能让员工获得很好的提升；第三个遗憾，工作环境、工作时间的改善等与员工福利相关的方面，考虑得不够周全，做得不到位。

我们稍微分析一下，就会发现王卫这三个遗憾的主题都是与人、与员工相关的。不仅如此，此前王卫关注的核心也大多是与员工有关的。例如，为了提高员工的工作效率、减轻工作强度，王卫采取了错峰上班，加强信息化、优化系统、环节和工具等措施。而且，王卫还提到"如何通过顺丰平台的努力，让员工更有尊严地工作"。

跟王卫当时创立顺丰的初衷一样，众多员工不仅在顺丰获得了发展的平台，而且所有"顺丰人"的心也聚拢在了一起。大家在顺丰的支持和帮助下，业务能力得到了极大提升，而且走出了更为宽广和幸福的人生。让顺丰人"正知、正见、正行"，是王卫坚持在做的主要工作。

正人先正己，做事先做人。心在胸中人不知，行在世间自昭然。优秀的领导者都有一颗金子般的心，照亮了自己，也照亮了别人，更照亮了企业的前程。

一个企业的兴衰存亡关键在于它的领导者，一个优秀的领导者能够带领企业从小到大、从弱到强；一个优秀的领导者能够让它的团队坚如磐石并勇于变革、勇于创新、永葆青春活力；一个优秀的领导者犹如企业的灵魂，他的思维方式创造了企业的经营模式，他的行为规范形成了企业的制度与文化，他的眼界高度决定了企业生命之路的长度。

怎样做一个优秀的企业领导者，这既是一个艰深的理论问题，又是一个复杂的实践问题。在这里，我们只讨论两个最简单和最直接的问题：优秀的领导主要应当做什么和怎么做。

衡量一个领导者优秀与否的标准就是这个领导者会不会做人。领导者是通过"会做人"去达到一个目的——正人和助人。正人是要下属和员工按照公司的要求做事，助人则是通过各种方式帮助下属和员工做好事。

很多领导都知道自己的任务是正人、助人，但是实践中却常常犯越俎代庖的错误，喜欢做事、忘了做人，结果是事倍功半。倘若一个领导受到下属和员工这样的赞扬："领导真会做事。"这样的赞扬实际上是最大的讽刺，之所以这么说是因为领导者的角色错位了。

领导者的首要任务是定方向、定目标、定游戏规则。在日常的经营活动中，我们一定要明白，员工相信企业的未来，不是看纸上的文字，而是看领导的为人。用一句最通俗的话说："领导会做人，员工就会做事。"

因此，领导欲"正人"，首先要"正己"；欲"助人"，首先要"修身"，即领导者自身的素质、人格魅力决定了他的领导力。

那么，领导者应当怎样正己和修身呢？孔子在《大学》里告诫我们："古之欲明明德于天下者，先治其国；欲治其国者，先齐其家；欲齐其家者，先修其身；欲修其身者，先正其心；欲正其心者，先诚其意；欲诚其意者，先致其知。致知在格物，物格而后知至，知至而后意诚，意诚而后心正，心正而后身修，身修而后家齐，家齐而后国治，国治而后天下平。"

这段精彩的论述如应用于企业管理，就是企业制定的愿景和目标必须是以领导者自身的心灵修炼为基础，也就是说领导者修为的起点和终点、领导者的心性和悟性决定企业的价值取向和经营理念。有什么样的设计师建造什么样的大楼,有什么样的领导者创造什么样的企业。

日本松下公司成立于1918年,由松下幸之助夫妇和妹夫井直岁男三人创建,经过几十年的奋斗,松下公司如日中天,成为全球最优秀的公司之一。松下的成功归功于松下幸之助,他被奉为"经营之神",他神在哪里呢?主要是他有一颗高远的心。他认为,对于企业来说,技术力量、销售力量、资金力量以及人才等,虽然都是重要因素,但最根本的还是正确的价值观和经营理念。价值观和经营理念植根于正确的人生观、社会观和世界观上,人生观、社会观和世界观则像花草树木一样长在人的心灵的土地上。

道家要修悟成仙必以修心为路径,佛家要修成正果必以修心为阶梯,领导者要有所作为也必须以修心为渡船。道家讲"无为"、佛家讲"色空"、领导者就要讲"放下"。

何为"放下"呢?让我们看看小小泥人是怎样为我们做表率的:

有一天,上帝宣旨说,如果哪个泥人能走过他指定的河流,他就会赐予这个泥人一颗永不消逝的金子般的心。泥人怎么能过河呢,那岂不是自取灭亡?然而,有一个小泥人,说他想过河。他不想一辈子只做小泥人,他想拥有自己的天堂。但是,他也知道,要到天堂,得先过地狱。

小泥人来到了河边,犹豫了片刻,双脚踏入了水中。一种撕心裂肺的痛楚顿时覆盖了他的全身,他感到自己的脚在飞快地溶化着,每一分每一秒都在远离自己的身体。回去吗?如果倒退上岸,他就是一个残缺的泥人;在水中迟疑,只会加快自己的毁灭。而上帝给他的承诺,则比死亡还要遥远。河很宽,仿佛耗尽小泥人一身的力量也走不到尽头。

小泥人艰难地向前挪动着,鱼虾贪婪地吮食着他的身体,松软的泥沙使他每一瞬间都摇摇欲坠。有无数次,他都被波浪呛得几乎窒息。

小泥人真想躺下来休息一会儿。可他知道,一旦躺下来他就会睡过去,那样就连痛苦的机会都失去了。他只能忍受、忍受、再忍受。每当小泥人觉得自己就要死去的时候,他就会想到自己的目标,于是又咬紧牙坚持到下一刻。

就在小泥人简直要绝望的时候,他突然发现自己居然上岸了,他如释重负、欣喜若狂!他惊奇地发现自己已经拥有了一颗金灿灿的心,明亮的眼睛就长在心上。过了这条河,小泥人终于明白了,如果自己害怕失去泥土做的身体,就永远不敢下水,就永远过不了河。如果不忍受撕心裂肺的痛苦,就根本不能坚持走过去,就永远得不到金灿灿的心。其实,与其说小泥人得到了一颗金子般的心,还不如说他大彻大悟,从而让泥做的心脱胎换骨。

其实我们每一个人都可以得到这样一颗金灿灿的心,关键是我们能不能放下自己的泥土之身。

王卫,是一个会把眼光放在未来的人,正因为这一点,顺丰成为了国内快递行业的领头羊,正如他自己所言:"如果你认为明天会更辉煌,还老盯着昨天干吗呢?将过去抱得太紧,你就腾不出手来拥抱未来。"

企业的领导者如果把企业当成自家的,那企业的小船就只能在家族的河流中行驶;如果企业领导者只顾眼前的利益,那企业之树就不可能基业长青;如果企业领导者只顾自己的利益,那沉重的私欲会让企业的前途一片暗淡。一个放不下小我的领导者,他的价值观和经营理念必然缺少灿烂的阳光,当然也失去了正人的底气,更不会有助人的义气。

8.用文化来吸引人、塑造人

现在,企业文化也成为一种时髦,但究竟为什么搞企业文化,却存在认知误区。主流观点是为了企业做强做大,争当百年老店,成为一流企业,提高核心竞争力,实现利润超N计划……于是,用企业的远景、目标鼓舞员工,用企业的价值理念引导员工,用考核奖惩规范员工,用教育培训提升员工,用沟通、参与鼓励员工,总之是让员工努力工作、好好干活。

但王卫认为,人有梦想,才会有追求;有追求,就会有自己的价值观。企业也一样,有文化做支撑,企业才会持续发展。

他提到:"可能在某些人的眼中,企业经营,只要业绩好就可以了。价值观、企业文化就那么回事,说来说去就那几句话。不过是因为别的企业有,我们也要有而已。我完全不这么认为。赚钱是为了公司的持续发展,为员工提供更好的发展平台,同时养活一些员工的家庭。当温饱不成问题时,我们要思考,人活着的意义是什么?

顺丰是一家民营企业,我们做事不是为了向谁有个交代,但我们要对得起自己的良心,对自己有个交代。我这一辈子做得最有意义和正确的一件事就是让顺丰成为一家有良知、负责任的民营企业。我们这一批顺丰人,没有依靠政府的资助,没有坑蒙拐骗,而是老老实实、一步一个脚印地,通过大家的共同努力走到现在。我的梦想就是若干年后,顺丰成为民营企业成功的一个案例。我们是一群坚信诚信价值观的顺丰人,我们不为短期利益出卖自己,我们是能够干成大事的。当我的人生走到终点,这将是我自己最大的满足。"

王卫认为:价值观是整个顺丰的灵魂。没有明确的价值观,你就不能确立奖惩制度的方向。规章制度永远不能覆盖企业发展过程中出现的所有问题的。那么,在对待一些规章制度没有的问题时,只能依靠价值观去判断对错。

他说:"如果大家做任何事情的行为标准都是以价值观来衡量,我相信,你在顺丰是绝对没有问题的。2007年、2008年,我们开始提炼顺丰的企业文化,其实就是顺丰的价值观,价值观是企业文化的核心。顺丰要想成为最值得依赖和尊敬的中国速运公司,要体现出与其他企业的不同气质。我相信,成功的关键在于,我们所有的顺丰人,特别是高层管理人员,要有共同的梦想。"

企业文化是企业生命的灵魂,是企业发展的动力。企业文化的优劣,直接影响到企业的成败。优秀的企业必然有着其独特的优秀的企业文化,但无论多么优秀的企业文化最终都会走向一个共同的目标——为员工、为顾客、为社会大众创造幸福人生,这才是企业文化建设的最高境界。

首先,经济发展的目的决定了企业文化建设的终极目标就是为全人类创造幸福人生。我们发展社会主义市场经济,是为了满足人民群众日益增长的物质和文化的需要。简单地说,就是为了让人们生活得更好，让所有的人都拥有一个幸福的人生。而企业作为国民经济的主导力量，肩负着不可推卸的责任。

其次，企业经营的目的也决定了企业文化建设的最终目标是为顾客、投资者和员工创造幸福人生。企业经营的目的是最大限度地赚取利润，受益者一是投资者，二是企业员工。为了达到令投资者和员工满意的目标，企业首先要想尽办法为自己争取顾客，尽其所能地满足顾客的需求，提供令顾客幸福的产品和服务。

王卫认为：优秀的企业文化总是贯彻"以人为本"的原则，最大限度地满足人的需求，促进人的发展。这就是企业文化的魅力，它能引导员工自觉维护企业精神和信仰的制度与流程，主动自觉地为客户服务。企业员工越多，对企业文化建设的要求就越高。如果我们在企业文化建设上不能有更大的突破，我们的企业愿景、使命和信仰不能赢得员工的一致认可，并最终落实到日常工作中，那么顺丰的发展就将会受到更多掣肘。